JN055093

NEW
CLASSIC
LIBRARY

渡部昇一の昭和史観

真の国賊は誰だ

渡部昇一
Shoichi Watanabe

徳間書店

［解説］

國體の危機に際して

本書は二〇〇七年四月に刊行された『中国・韓国に二度と謝らないための近現代史』の復刻版です。なぜ、二〇二四年の今、本書が必要であるかを理解することが、日本を救うことに繋がるのです。

私たちは常日頃我が国の國體とは何かを考えることはありませんでした。國體は空気のようなもので、恩恵に被りながらも実感することはなかったのです。

しかし、現在國體論が盛んになりました。ということは、今まさに國體が危機に瀕しているからです。本書は國體を取り戻すために真の国賊は誰かを論じています。

危機に当たっては敵を知らなければなりません。〝敵を知る〟とは敵の行動のパターンを見抜くことです。彼らのやり方は、些細な事象を取り上げ揚げ足をとるという、今も変わらない幼稚なやり方です。最近の流行言葉でいえば、「キャンセル・カルチャー」と言えます。外来語を使わざるを得ない点に彼らの欠点があります。

〝国賊〟とは心情的に日本人ではないということです。

彼らの言動の判断基準はポリティカル・コレクトネスという狂信リベラル教といえる病でもあります。日本語ではなく外国語であることが問題なのです。ポリティカル・コレクトネスを盾にとって、相手の攻撃に精出している欺瞞層こそ、国賊なのです。

そのような視点から第一章の「真の国賊は誰だ」を読むと、近代の我が国を覆ってきた敵の思考の底流が今も変わらないことに気づかれることでしょう。

自国を守る知恵は歴史にあります。国難に当たって我が国は〝復古の精神〟で乗り越えることができました。

復古の精神とは昔に帰ることではありません。

我が国の三〇〇〇年の歴史の中で、古くならない知恵のことです。

古くならないとは常に新しいということです。

古典とは古くなっていない書物、今も新しい書籍のことです。つまり、今も私たちの心の中に生きている知恵が古典なのです。

その意味で、第三章の「昭和史の三大必読文献」はまさしく必読書です。三大文献とは『紫禁城の黄昏』、『全文　リットン報告書』、『東條英機　歴史の証言』です。『紫禁城の黄昏』は満洲建国についての最重要文献であり、満洲は中国の領土でないことや、シナの歴史は王朝の変遷に過ぎないこと、を鋭く指摘しています。『全文　リットン報告書』は満洲事変に関する日本の立場に理解を示しており、満洲事変は日本の侵略ではないことを教示しているのです。『東條英機　歴史の証言』は歴史学者もほとんど注目しない東条英機の東京裁判における証言集です。東京裁判は過去の問題ではなく現代の問題であり、未来につながる問題でもあります。安倍総理は「戦後レジームを脱却し、日本を取り戻す」ことを悲願とされていました。戦後レジームの脱却とは東京裁判史観の克服のことです。東京裁判史観の呪いから逃れられない日本は、戦後今日までアメリカの占領下にあります。日本が真の独立国となるために、東条英機の証言を避けて通ることはできません。

第五章の「敗戦利得者史観を排せ」は、今も我が国を支配している様々な分野における敗戦利得者を挙げ、彼らの愚行を論破しています。

これまで紹介した各章は一本の糸で繋がっています。この一本の糸が中国・韓国に謝り続けてきた我が国の戦後史なのです。全編に流れる主張は、歴史問題で彼らに逆襲することです。何故なら、真の歴史は日本に味方しているからです。

渡部先生との出会い

私が初めて先生にお会いしたのは、「大道無門」という日本文化チャネル桜の番組でした。二〇一三年に拙著『国難の正体』について対談させていただき、翌年には先生との共著『日本の敵』を出版させていただきました。

渡部先生は『国難の正体』によってアメリカの中央銀行であるＦＲＢなど通貨発行権が民間人の手にある事実を初めて知ったと感心してくださり、その後も様々な機会にご一緒させていただきました。先生の謙虚な態度は道を究めた人のみが有する揺るぎない自信の表れと納得した次第です。

言論界においては、自己主張の強い人が少なくないのですが、自信からくるのではなく、逆に自信のなさに起因しているように思えてなりません。

冒頭で述べたように、他人を攻撃することによって、自らの弱点を隠すやり方がいまだに横行している現実をご覧になって、渡部先生は嘆いておられることと拝察します。本書を手にしてくださった読者の方々には、真に自信のある人生を歩んでいただきたいと念願しております。その真摯な態度が知の巨人であられた渡部先生に対する何よりもの供養であると確信するからです。

先生が他界されて七年、この間、日本の知的水準は低下する一方です。この嫌な流れに終止符を打つには、読者の方々の日々の研鑽による発信以外にありません。たとえ一人一人の力は限られているとはいえ、集まれば日本を大きく動かすエネルギーとなることでしょう。日本に貢献するという自らの秘めたる思いに自信をもって、渡部先生に続いていただきたいと願っております。

馬渕睦夫

渡部昇一の昭和史観　真の国賊は誰だ――目次

第二章 「大国崛起」を狙う中国の脅威

第三章　昭和史の三大必読文献

第六章　南京事件が無かった論拠

装幀　井上新八
編集　松崎之貞

第一章

真の国賊は誰だ

安倍内閣の知られざる実力

保守派の期待を担って船出した安倍晋三内閣ですが、このまま七月の参議院選挙を乗り切れるかどうか――という声が私の耳にも入ってきます。じっさい、昨年（二〇〇六年）九月の発足時には七〇パーセント近くあった内閣支持率が、この二月には五〇パーセントを割り込んでしまい（「読売」の調査では七〇パーセント→四八パーセント、「朝日」調査では六三パーセント→三九パーセント）、支持者たちをやきもきさせています。

〇六年の暮れに相次いだ閣僚その他の「辞任劇」が痛手になっていることはいうまでもありません。安倍内閣があえて起用した政府税制調査会会長の本間正明氏（大阪大学教授）が女性スキャンダルがらみの公務員官舎の入居問題で辞任したかと思うと、今度は佐田玄一郎《さたげんいちろう》行革担当相が政治資金の不適切な処理を突かれて辞任に追い込まれました。

〇七年に入ると、柳沢伯夫《やなぎさわはくお》厚生労働大臣の「女性は子供を産む機械」という発言がヤリ玉に挙げられたのはご存じのとおりです。

安倍内閣が支持層の期待を裏切ったのはそれだけではありませんでした。安倍さんが首相就任直後の国会答弁で、「わが国はかつて植民地支配と侵略によってアジア諸国の人々に多大な損害と苦痛を与えた」という村山（富市）談話（一九九五年）を追認し、さらには「従軍慰安婦の強制連行があった」とする河野（洋平）談話（一九九三年）を踏襲すると言明したからです。ふたつの発言が、安倍さんに期待した保守層をかなり失望させたことは間違いありません（もっとも、アメリカ議会で従軍慰安婦問題が取り上げられると、安倍さんも「厳密な意味での強制はなかった」という主旨の発言をしてくれています。慰安所をつくることを敗戦国に強制したアメリカ軍より、被占領地への配慮が立派になされたという点を実証的に述べる必要がありましょう）。

女性評論家の櫻井よしこさんなども、安倍さんの軸足が揺らいでいるのではないかと心配して、「安倍総理、しっかりなさいませ！」とハッパをかけています（「週刊文春」二〇〇六年十二月二十一日号）。そうした懸念ももっともだと思います。

しかし私は、安倍さんを支持する観点から別の見方をしてみたいと思うのです。

これは私の知人がつねにいっていることですが——「決心」と「決断」はちがうということを忘れてはなりません。「決心」というのは、その人の確信・信念である。その人がこうしようと思っていることです。ただし現実政治の場では、思っていることをただちに実行できるとはかぎりません。したがって、思っていることを具体的にいつ実行するか、タイミングを計る必要がある。言い換えれば、みずからの「決心」を実行しようとしたときが「決断」の時なのです。「決心」と「決断」は必ずしも時間的に一致しなくてもいい。そのあいだにはタイム・ラグがあってもいいのです。

そう考えてみると、安倍さんの「決心」とは『美しい国へ』(文春新書)であり、あの本を書かれたときに決意を固めたといえましょう。活字で書き残したわけですから、あのなかで言っていることはウソでも何でもない。すなわち、保守のあるべき姿、教育再生、真の愛国心……これを安倍さんの決心と考えることができます。

ところがいまのところ、その「決心」はまだ十分オモテには現われていません。そのために軸足が揺らいでいるかのように見られるわけですが、しかしいまは「決断」のタイミングを見ているのではないか。そんな好意的な見方も成り立ちうるのではないかと思います。

じっさい安倍内閣は発足以来、わずか半年のあいだに、①新しい教育基本法の制定(〇六年十二月)、②防衛庁の防衛省への昇格(〇七年一月)と、ふたつも大きな仕事を成し遂げています。ひとつの内閣のクビと引き換えてもなかなか成立させられなかったような法案が、気がついてみたらふたつも通っている。これはかなり凄い政治力であると評価できるのではないでしょうか。しかも、ほとんど政治的イシューにしないでこれだけの法案を通している。相当な成果というべきです。

防衛庁の「省」昇格問題は、野党もほとんど問題にできませんでした。教育基本法も、タウンミーティングでの「やらせ質問」問題が騒がれましたけれども、肝心の法改正のほうはスッと通っています。野党の青さ加減が浮き彫りにされただけのことでした。教育基本法の草案では、むしろ野党・民主党のもののほうが優れているという見方も強かった。「なぜ〝愛国心〟という言葉を教育に使ってはいけないのか」と民主党が攻めれば、もっと効果的だったでしょうが、タウンミーティングという末梢的な問題で八〇パーセント近くの質問時間を使ってしまったのは愚かだったというべきでしょう。

安倍内閣は集団的自衛権の行使に踏み切る⁉

外交についても、安倍内閣を不安視するムキがあるようですが、それほど心配しなくてもよいのではないでしょうか。

たとえば安倍さんは国際会議の場でつねに、「自由主義」「民主主義」という現代の世界共通の価値を口にしています。これは自由と民主の無い国にボディブローのように効いてくると思います。総選挙もできないような国が「民主主義」といったり国連安全保障理事会の常任理事国になったりしているのはおかしいという声がやがて湧き上がってくるかもしれません。安倍さんが国際場裡《こくさいじょうり》で、ことさら「自由と民主の価値を共有する国々」と強調しているのは、そうした価値を共有しない国を批判しているのだと解釈することもできます。そんな国のシンボルが、いまだに共産党の一党独裁がつづく中国であることはいうまでもありません。

これに関連して、もうひとつ指摘しておきたいのは――日本国内ではあまり注目されませんでしたが、安倍首相のＮＡＴＯ（北大西洋条約機構）の本部（ベルギーのブリュッセル）訪問です。一月十二日、日本の首相として初めてＮＡＴＯ本部で演説した安倍さんは次のように言っています。

《日本の首相として初めて出席できたことは歴史的であるとともに、大変うれしく思います。日本とＮＡＴＯは自由や民主主義、人権などの価値を共有したパートナーです。いまや日本人は国際的な平和と安定のためであれば、自衛隊が海外での活動を行うことをためらいません》

ＮＡＴＯとは何であるか――。

いうまでもなく、東西冷戦時代に西側諸国がソ連を封じ込めるためにつくった集団安全保障機構です。アメリカの国務省政策企画室長として戦後のアメリカの世界政策を構想したジョージ・ケナンが重要な役割を果たしてつくり上げた体制で、ケナンは当時はっきりとこう書いています。

《もしロシアが平和な安定した世界の利益を侵食する兆候を示すならばどこであろうと、アメリカが、断乎たる対抗力をもってロシアに対処するために計画された確固とした封じ込め政策を、十分な自信をもって始めることの妥当性を示すものである》（『アメリカ外交50年』岩波書店）

ＮＡＴＯの本質は集団的自衛にあり、そこに敗戦国ドイツも含んでいるところにポイントがあります。第二次大戦時の敵国ドイツも入れ、集団でソ連を封じ込めようとしたのです。安倍さんが、そうした「封じ込め思想」のうえに成り立っているＮＡＴＯの本部を訪れた狙いは何か。私は、安倍さんには集団的自衛権に対する強い関心があるからだと見ています。いま日本にとっていちばん必要とされているのは、いうまでもなくアメリカとの集団的自衛権の行使です。

周知のとおり「国連憲章」は、国家が《個別的又は集団的自衛の固有の権利》（第五一条）を有することを認めています。ところがこれまで日本政府は、「集団的自衛権はあるけれども行使することはできない」と答弁してきました。それは、「日本の自衛権は憲法に従わなければばならないが、その憲法が不戦を規定している以上、集団的自衛権を行使することは許されない」とする赤い内閣法制局に引っ張られ、さらにそれを左翼的なマスコミが支持してきたからです。

しかし私は、この半年間の安倍さんの政治手法を見ていると、機会を捉えて「集団的自衛権を認める」と言い出すのではないかと見ています。希望的観測にすぎるといわれるかもしれませんが、安倍さんの「決心」は集団的自衛権の容認にあるわけですから、いずれ時を見て「決断」に踏み切るだろうと期待しているのです。

アメリカとともに集団的自衛権を行使して、アメリカの航空母艦と並んで日本のイージス艦がインド洋に浮かぶ姿を想像すると胸が躍ります。これは中国封じ込め政策になります。そうなれば、「ソ連封じ込め政策を実行すればソ連は崩壊する」(《ゆくゆくはソヴィエト権力は崩壊する》前掲書)といったジョージ・ケナンの洞察が適中したのと同様の効果を生むことになることでしょう。すなわち、共産党中国の崩壊です。

日米の集団的自衛権が完全に発動されれば、中国も軍事力に訴えることができなくなるから、少なくとも共産党中国は無くなる可能性が出てきます。そして総選挙のできる中国に変貌せざるをえない。そこまでいけば、中国も戦争を引き起す危険のある国ではなくなります。

この青写真は大変に望ましい。その意味で私は、安倍さんのＮＡＴＯ訪問を非常に重視しているのです。

二月十六日には、リチャード・アーミテージ元国務副長官の「第二次アーミテージ・レポート」（正式名『日米同盟　二〇二〇年までの正しいアジア』）が発表されましたが、このなかでも、日米両国と中国の利害は同じではないのだから中国が《責任ある利害関係者》となるよう、日米は共同で対処すべきだと指摘しています。そのためにも日本は防衛費を拡大し、自衛隊の海外派遣のために恒久的な法を制定し、そうして《日米主軸》のアジア戦略を打ち出すべきであると提言しています。まさに至言というべきです。

東京裁判をもとに岸元首相を追及する愚かさ

思い返せば、安倍内閣の発足に当たっては野党から卑劣な攻撃がありました。〇六年十月五日、民主党の菅直人《かんなおと》副代表は、安倍さんのお祖父《じい》さんに当たる岸信介《きしのぶすけ》元首相が開戦時の東条英機内閣の商工大臣であったことについて、「責任を感じるか」という主旨の質問をしています。安倍さんは、「たしかに開戦時の大臣で、宣戦の大詔《たいしょう》にも副署したのだから責任はあると思います」と答えていましたが、あの質問はいかにも安倍さんがA級戦犯容疑者の子孫であるということを強調したがっているように見えました。まことにおぞましい、卑劣な攻め方でした。

〇七年に入ってから北朝鮮の外務省は、安倍首相を「戦犯の子孫」と名指しで非難しました（二月十九日）けれども、菅氏の発想はあの金正日と何ら変わるところがありません。

しかし、あの一幕は菅氏の無知を示す挿話以外の何ものでもなかったというべきです。というのも、岸さんも含めた戦争指導者を「A級戦犯」と断罪した東京裁判（一九四六年～八年）の性質と歴史を正しく理解していれば、あの裁判自体無効であり、判決もまったく意味をなさないものであったことがわかるからです。

以下、簡単に説明しておきます。

東京裁判および公職追放（一九四六年～五二年）の時代の七年間、日本の言論は占領軍によって完全に封殺されていました。そして、大東亜戦争は日本の軍国主義者の共同謀議による侵略戦争であると頭に叩き込まれ、それが左翼の手によって教育の現場に浸透させられた結果、日本人の多くがそう思い込むようになりました。しかし、多少なりとも歴史の事実を知る人は、日本が侵略戦争をしたと決めつける東京裁判はインチキであったことに気づいていました。

東京裁判の構造をわかりやすくいえば、あれは既存の法律によって行われた裁判ではありません。ということは、法律に拠らずに行われた裁判ということになります。つまりリンチ同然であった。ここがポイントです。

東京裁判の根拠となったのは当時の国際法ではなく、連合国軍最高司令官マッカーサー元帥の権力に基づいて、キーナン主席検事（アメリカ人）およびＧＨＱ（連合国軍総司令部）の参謀部が定めた「極東国際軍事裁判所条例」（略称「チャーター」）でした。「チャーター」は第一条から第十七条までありましたが、いずれもとても簡単な記述で、国際法や慣習法とはまったく無関係の、マッカーサー一個人の権威に由来するだけの条例にすぎませんでした。しかも裁判官はすべて戦勝国から選ばれ、敗戦国および中立国からはひとりも出ていません。したがって東京裁判の構造は、非常にわかりやすくいえば、Ａ暴力団とＢ暴力団が抗争になり、Ａ暴力団が勝ったのでＢ暴力団の組員を勝手に裁いたようなものです。

要するに東京裁判とは、連合国軍最高司令官のマッカーサーが命じてやらせた「復讐裁判」ないしは「私刑《リンチ》」でした。

それゆえ、裁判の冒頭、日本側弁護団の中心的人物で東条英機被告の主任弁護人であった清瀬一郎弁護人（のちに衆議院議長）は、「裁判の管轄権（ジュリスディクション）はどこにあるのか」と突っ込んでいます。ウェッブ裁判長（オーストラリア人）はそれに答えることができませんでした。また、ウェッブ裁判長に対する「拒否」が提出されたときは、その動議を拒絶する理由として、最高司令官マッカーサーによって任命されたからという「任命権」しか盾にすることができませんでした。

東京裁判とはそれほどズサンな裁判だったのです。そんな裁判の判決を基にして、一国の総理を「戦犯の子孫」などと攻め立てるのは、ならず者国家の将軍ならいざ知らず、公党の政治家のなすべきことではありません。

マッカーサー証言は東京裁判をご破算にした

このように東京裁判はすべてマッカーサー元帥の権威のみに基づいていたわけですが、そのマッカーサーは一九五〇年（昭和二十五年）に朝鮮戦争が勃発すると、当時のトルーマン大統領と意見が衝突、アメリカ本国に召還されて米上院で証言を求められています。そこで彼は何と言ったか。

マッカーサーはアメリカ合衆国議会上院の軍事外交合同委員会に出席すると、「日本がこの前の戦争に突入した目的は主として自衛のためであった」（傍点渡部）と証言しているのです。一九五一年五月三日のことでした。

この衝撃的なマッカーサー証言に触れる前に、米上院の「権威」に関して念を押しておきます。この点について私はこれまでもいろいろな場で繰り返し述べてきましたが、日本ではまだ米上院をわが国の参議院のように（つまり、議会の盲腸のように）思っている人が多いので、この機会に改めて米上院が大変な権威をもっているのだということを指摘しておきます。

アメリカの上院は、日本の参議院とはまるで比較にならないくらい大きな権威をもっています。周知のようにアメリカは、各州の独立性が非常に高い国です。そんなアメリカにあって、上院議員は各州からふたりずつ選出されます。日本全土に匹敵するような広さのカリフォルニア州からもふたり、ニューヨークのような経済的にきわめて重要な州からもふたりだけ、ノースダコタのような田舎の州からもふたりです。そんなふうに各州から平等にふたりずつ議員が送り込まれて構成されているのが上院です。

上院が置かれているのはアメリカ国内にあって、どこの州にも属さない場所であるD.C.、すなわちDistrict of Columbia（コロンビア特別区）です。D.C.は連邦議会の直轄地で、どこの州にも属していません。そこに各州の代表が集まって各州に共通する問題を討議するのがアメリカの上院なのです。

だから上院議員の権威は下院議員をはるかに上回っています。ひとりの上院議員の力は下院議員十人以上に匹敵するといわれるほどです。げんに大統領候補が下院議員から出ることはほとんどありません。大部分が上院議員か州知事です。

では、各州に共通する問題で、アメリカにとって最大のテーマとは何であるか。いうまでもなく「軍事」と「外交」です。

米上院軍事外交合同委員会とは、それほど重要な権威ある場なのです。そんな委員会でマッカーサーは、日本が戦争に突入するに至った東亜の事情について、ヒッケンルーパー議員の質問に対してこう述べました。

《日本は絹産業以外には、固有の産物はほとんど何も無いのです。彼ら（日本人・渡部注）は綿が無い、羊毛が無い、石油の産出が無い、錫《すず》が無い、ゴムが無い。その他実に多くの原料が欠如してゐる。そしてそれら一切のものがアジアの海域には存在してゐたのです。

もしこれらの原料の供給を断ち切られたら、一千万から一千二百万の失業者が発生するであらうことを彼らは恐れてゐました。したがつて彼らが戦争に飛び込んでいつた動機は、大部分が安全保障の必要に迫られてのことだつたのです》（小堀桂一郎編『東京裁判　日本の弁明』講談社学術文庫、傍点渡部）

傍点を付した箇所は非常に重要です。英語のわかる日本人には全員に暗記してもらいたいので、あえて英語の原文も記しておきます。

《Their purpose, therefore, in going to war was largely dictated by security.》

マッカーサーが主宰したといっていい東京裁判の最大のモチーフは、「大東亜戦争は日本の侵略戦争であった」という規定にありました。ところがそのマッカーサーが、権威ある米上院で「日本の戦争は自衛戦争だった」と証言したのです。日本の開戦理由については「安全保障のためだった」と指摘しています。

これではだれがどう考えても東京裁判は「ご破算」です。東京裁判を主宰した「法源《ほうげん》」ともいうべきマッカーサーが、「自分は間違っていた。日本は自衛のために戦ったのだ」といったのですから、東京裁判はすべて「パー」になったといって差しつかえありません。

これが歴史の真実です。

この真実を菅氏はまったくご存じない。

菅氏は戦後流布《るふ》された東京裁判史観のまま生きてきて、全然歴史の勉強をしていないから、日本人にとってきわめて重大な意味をもつ「マッカーサー証言」のことなど何も知らないのです。だから卑怯にも、新しく総理の座についた安倍さんのお祖父さんを引き合いに出して辱《はずかし》めようとしたわけです。その根性の卑しさはテレビに映る表情からもうかがわれます。私は軽侮の念をいだくとともに、野党の首脳部はこの程度の知識しかないのかと悲しくなりました。

安倍首相は「祖父・岸信介」を誇りに思うべきである

菅氏は、岸さんが開戦時の東条内閣の商工大臣だったから「戦争責任がある」といいたそうでしたが、これも間違っています。東条内閣は別に好戦的な内閣ではなかったからです。それは東条内閣が出現した舞台裏をのぞけば一目瞭然です。

昭和十六年（一九四一年）、日米交渉は暗礁に乗り上げ、日本は九月六日の御前会議で対米・英・蘭（オランダ）との開戦準備をはじめることを決定しますが、それはあくまでも「開戦の準備」であって、「開戦」ではありません。何がなんでもアメリカとの和平を達成しなければいけないというのが昭和天皇のご意向であったし、側近の木戸幸一（内大臣）をはじめとする重臣たちの考えでもありました。

何がなんでも戦争を避けなければいけない、妥協してでもアメリカとの和平交渉をつづける、といっても、当時の第三次近衛《このえ》（文麿）内閣にはその力がありませんでした。というのも、下手《へ た》なかたちでアメリカに妥協したら二・二六事件（昭和十一年）のような反乱がまた起る可能性があったからです。

若手将校たちの決起はどこでどういうかたちで起るかわからない。起す側は、主として下級将校ですから無数にいる。しかも彼らは銃や機関銃をもっている。これでは危なくてしようがない。日本の首脳部はそれをいちばん恐れていました。

そこで、少々妥協した外交交渉を行っても軍部を抑えて、二・二六事件のような決起をさせない首相はいないものかと周囲を見回したとき、適任として浮かび上がったのが陸軍大臣の東条さんでした。東条さんは二・二六事件が起った当時、満洲の憲兵隊司令官でしたが、事件の首謀者たちの考えに共鳴する将兵たちを徹底的に抑え込みました。そのときの事務の取り扱いがきわめて俊敏で正鵠《せいこく》を得ていたし、また天皇に対しては絶対的に忠誠を尽すタイプの人だったから、東条陸相に白羽の矢が立ったのです。

東条さん自身は、「九月六日の御前会議で開戦準備が決まっているのだから、その決定を覆《くつがえ》せる人はふつうの日本人にはいない。皇族内閣、すなわち東久邇《ひがしくに》宮《のみや》稔彦《なるひこ》内閣でなければならない」と思っていたようです。東京裁判に際しての宣誓供述書には次のようにあります。

《私が皇族内閣を適当なりと考えたには（ママ）次の理由に拠るのであります。

新内閣は組閣直後、九月六日の御前会議の決定を変更しなければならない立場に在ります。新内閣が前内閣の決定を覆すことは出来ますが、御前会議は閣議と異なり内閣だけの決定でなく政府と統帥部との協定を最高の形式に於《お》て為したものであります。従って統帥部が九月六日の御前会議決定の変更に同意しない場合には非常に厄介な問題を惹起する惧《おそれ》があったのであります。皇族内閣ならば皇族の特殊な御立場により斯《かか》る厄介な問題をも克服して円滑に九月六日の御前会議の決定を変更し得ると考えたからであります》（拙著『東條英機　歴史の証言』祥伝社、傍点渡部）

第三次近衛内閣のとき、東条さんは統帥部の一員ではありませんでした。統帥部（陸軍参謀本部と海軍軍令部）も参加して決めたことを普通の内閣がくつがえすことは不可能だと、東条さんは考えていたのです。そのため皇族内閣を考えたのでした。

ところが、もし皇族内閣が開戦を宣して万一敗戦となった場合、天皇陛下に累《るい》が及ぶ恐れがあるから東久邇宮内閣は適当ではないとする意見が大勢を占め、結局、東条さんに組閣命令が下りたのです。昭和天皇のご意思は、「九月六日の御前会議の決定を覆してもいいから和平交渉を進めて欲しい」というものでした。そこで東条さんは組閣を引き受ける決心をし、陸軍大臣、内務大臣も兼摂《けんせつ》することになりました。内務大臣を兼摂した理由についてはこう言っております。

《当時の情勢では、もし和と決する場合（開戦せずアメリカと和平を結ぶ場合・渡部注）

には相当の国内的混乱を生ずる恐れがありますから、自ら内務大臣としての責任をとる必要があると思ったのであります》（同上）

かくて、東条首相は全力を挙げて和平交渉に邁進《まいしん》しました。そのプロセスは東京裁判の審理のなかでも明らかです。一例として、ブレイクニー弁護人（アメリカ人）の冒頭陳述の一節を引いておきます。

《東條内閣の出現は、一般に日本で過激的意見が勝利を制した証拠であると考えられているが、事実はこれに反する。新首相は日米関係問題の再検討——九月六日御前会議決定の白紙還元——を、就任と共に直ちに実行したのである》（冨士信夫『私の見た東京裁判』上、講談社学術文庫）

結果的には対米開戦となってしまったものの、天皇陛下の意を受け、耐えがたきを耐え、忍びがたきを忍びながらアメリカとの和平交渉を実現しようとした東条内閣は、当然、閣僚には優秀な人材を起用しました。げんに戦後、A級戦犯容疑者とされてからもふたたび不死鳥のごとく甦《よみがえ》り政界に復帰した人もいました。そのひとりが当時の商工大臣・岸信介、すなわち安倍首相のお祖父さんであり、さらに挙げれば当時の大蔵大臣・賀屋興宣《かやおきのり》さんです。彼らはきわめて有能でしたから、A級戦犯容疑者だった人たちに対する風当たりが強かったときですら、総理大臣（岸信介）および法務大臣（賀屋興宣）に返り咲くことができたのです。

したがって安倍さんは、「お祖父さんが開戦内閣の閣僚であったことをどう思うか」と意地の悪い質問をされたとき、「東条内閣は、マッカーサー元帥も認めたように日本の自衛のためにつくられたギリギリの内閣であるから、そこで重要な責務を託された祖父を私は誇りに思う」と、それくらいのことをいってもよかったと思います。

「天皇機関説」事件を思わせた柳沢失言騒動

本書冒頭でも触れたように、この一月二十七日、柳沢厚労相は「女性は子供を産む機械だ」といって指弾を浴びました。島根県松江市の自民党県議の後援集会で飛び出した発言で、ご本人もとっさに「マズイな」と思ったのでしょう、すぐ訂正しています。

この柳沢発言は明らかに失言でした。そのかぎりでは、これを取り上げて批判するのも当然だといえましょう。しかし失言といってもつい口が滑ってしまったようなもので、当人が謝ればそれで済む程度の話でした。ところが野党はこれを問題視して、なんと審議拒否に入ったのです。審議をするのが議会政治の基本であるにもかかわらず、それを拒否するというのは、議会政治としては万《ばん》やむをえざる場合にのみ許される手段です。野党はそんな最後の手段まで用いて柳沢発言に対処したのです。

それを見て私は、これはマズイぞと直感しました。

私の世代（昭和五年生まれ）はまだ「天皇機関説」事件が記憶にありますから、それを思い出したのです。

「天皇機関説」というのはひと言でいえば――近代の立憲国家において、国家は一種の法人のごときものであり、主権は国家にあって天皇はその最高機関である、という考え方です。この考え方は日露戦争以降、日本の法学界の定説になり、東京帝国大学の美濃部達吉《みのべたつきち》教授もその線に沿って講義をつづけていました。じっさい、近代法学的にいえば、天皇を国家の機関のひとつとして考えるというのはきわめて真っ当な意見だというべきです。じじつ、当時の官僚たちも東京帝大の法学部で美濃部学説を教えられてきていました。

ところが昭和十年（一九三五年）、政争や陸軍部内の主導権争いから、天皇機関説がヤリ玉に挙げられて美濃部博士（当時は東京帝国大学名誉教授）がそのターゲットにされたのです。するとマスコミも右翼といっしょになって、「天皇を機関と呼ぶのはけしからん」と揚げ足取りに近いことを言い出しました。美濃部博士は貴族院を辞めましたが、右翼に足を撃たれています。これが天皇機関説事件です。

天皇機関説というのは、今度の柳沢発言と同じように比喩的表現にすぎません。天皇を国家の一機関に譬《たと》えているだけのことです。その意味では、どうせ譬えるなら、同じ「きかん」でも「機関」ではなく「器官」という字を用いたほうがよかったという人〔早稲田大学の浮田和民《うきたかずたみ》教授〕もおりました。「器官」といえば肉体的なイメージが浮かびますから天皇は「国家の頭《かしら》」だということになります。そういえば済んだはずなのに、蒸気機関などの「機関」にしてしまったから「機関とは何事だ」というつまらない言い争いになってしまったわけです。

このとき昭和天皇ご自身は、「天皇機関説でいいではないか」といっておられます。


《天皇機関説が世間の問題となつた。私は国家を人体に譬《たと》へ、天皇は脳髄であり、機関と云ふ代りに器官と云ふ文字を用ふれば、我が国体との関係は少しも差支《さしつかえ》ないではないかと本庄〔繁〕武官長に話して真崎〔甚三郎・教育総監〕に伝へさした事がある》〔『昭和天皇独白録』文春文庫〕

明治憲法をつくった伊藤博文も、国家を肉体に譬えると天皇は神経中枢である、という主旨のことを『憲法義解《けんぽうぎげ》』の中に書いているのですから、まさに「天皇器官説」だったのです。

しかし当時の政党（政友会）も軍部も右翼も天皇機関説を「政争の具」にしようとしていましたから、美濃部攻撃をやめようとはしませんでした。かくして単なるレトリックの問題が国家を危機に追い込むような問題に発展してしまったのです。まことに愚かとしかいいようがありません。

私は、それと似た愚かさを今度の柳沢問題にも感じました。こんな揚げ足取りばかりしていたら日本の言論はどうなってしまうのか、不安を覚えたほどです。

言論人はもっと大人になれ

ディベートとしてなら、こうした比喩の問題や失言を取り上げて批判するのはかまわないと思います。しかしそれが度を超すと非常に困ったことになります。徳川時代なら片言隻句《へんげんせっく》をとらえて重罪に処することもできたでしょうが、言論を重んじる民主主義社会においてはそれをやってはいけないのです。議会制度の基本はしゃべることにあるわけですから、多少不適切な比喩や不適当な表現があったとしても、それを咎めるだけで終わりにすべきです。

議会制度の発祥の地・イギリスには、周知のように「トーリー党」と「ホイッグ党」という二大政党がありました。トーリー党は王党派で現在の保守党の前身、ホイッグ党は共和派で後の自由党の母胎です。この「トーリー」も「ホイッグ」も、ともに泥棒とか盗賊といった意味であることは意外に知られていません。

王党派は共和派を「ホイッグ」と呼びました。スコットランド語の whiggamor に由来していて「謀反人」「泥棒」といった意味です。それに対して、共和派のほうは王党派を「トーリー」と呼びましたが、これはアイルランド語の toraidhe からきた語で、「盗賊」「ならず者」といった感じです。そう言い合っているうちに、彼らはそれぞれ、相手から投げつけられた悪口を自分たちの党の名前にしてしまったのです。悪口を言われた、あるいは失言があったからといって目くじらを立てるのではなくて、それをユーモアのうちに包み込んでしまった。それくらいしたたかでないと言論を基にした議会制度は成り立たない、という教訓をこのエピソードから引き出すことができるかもしれません。要するに大人なのです。

アメリカは「人種のルツボ」といわれ激しい差別がつづいたこともあって、差別用語に対する批判がものすごく強かった時期があります。一時は「ポリティカル・コレクトネス」(政治的に正しい言い方)が猛威を振るいました。しかしそうした言葉狩りが行き過ぎると危ないと気づいたため、最近ではだいぶ下火になってきているようです。

〇六年十一月、米民主党のケリー上院議員(ブッシュ氏と大統領の座を争った政治家)はカリフォルニア州で学生を前にして、「キミたち、しっかり勉強をしないとイラクで精を出すことになるぞ」という失言をしています。イラクの戦場で同胞が血を流しながら戦っているときに「勉強しないとイラク行きだぞ」というのは、米軍の兵士たちに対する最大の侮辱になります。「女性は子供を産む機械」の比ではありません。少し前のアメリカであれば、辞職どころか大騒ぎになっただろうと思います。ところが、ケリー失言は謝罪で済みました。この一事からも、アメリカが言論に対してだんだん寛容になってきていることがわかります。

たしかに、「子供を産む機械」といわれて不快に感じる女性もいるでしょう。野党のさる女性議員は「産みたくても産めない女性がいるのに……」といっていました。私の近親者にも産みたくてもなかなか子供が産まれない女性がいますから、柳沢発言に反発したくなる女性の気持ちはわかります。しかしその一方では、そんなことは全然気にしない女性も大勢います。それは柳沢大臣の発言が比喩だったからです。この言論の世の中にあって比喩にいちいち反応していたら泥仕合《どろじあい》になるだけです。

二月一日付けの産経新聞「産経抄」は、ある主婦の面白い投書を引用していました。その主婦は、《男性だって「会社の歯車」のように働き、リストラにあって大変だ》と書いていました。「歯車」は「機械」の一部だから「機械」よりもっと悪いじゃないかと、そんな冗談口が叩けるくらいがいいのです。ある辛口評論家は、サラリーマンが会社に忠実であることを嘲《あざけ》って「社員」ではなく「社畜」と罵《ののし》ったことがありますが、これは比喩ではありません。悪口でもない。それを通り越して、毎日まじめに働いている多くの人たちに対する侮辱以外の何ものでもない。しかし、そう毒づいたのが大臣ではなく二流の評論家だったから何の問題にもなりませんでした。もちろん、「社畜」という言葉も根づきませんでした。

いずれにしろ、それが比喩だということを心得ておけば、多少腹が立とうと、「まあ、しょうがないか」ということで終わります。したがって、公人の場合でも少々の失言は議会で謝罪すればそれで十分だと私は思っています。

国益を損ねる発言こそ追及すべきだ

私自身、言葉狩りの犠牲者になったことがあります。

いまから三十年近く前のことです。いわゆる言論糾弾団体が、私の授業があるごとに教室に押しかけてきたのです。それが夏休みを挟んで半年もつづきました。そんなことが二度もありました。

私は自分の言論については自信がありましたので、謝りもしないまま立ち消えになりましたが、そのとき非常に不愉快に感じたのは、「差別だ、なんだ」といっている連中がそれをタネにして言論の自由を侵しているということがひとつ、もうひとつは彼らのなかに逆差別によって利益を得ている者がいることがわかったことです。これはきわめて卑劣なやり方といわざるをえません。今度の柳沢バッシングも、野党側の真の狙いは安倍政権の足を引っ張って夏の参院選を有利にしようというところにあるわけですから、言論糾弾団体の利益追求体質と五十歩百歩というべきかもしれません。

失言や暴言をヤリ玉に挙げるときは、それがきわめて毒性の強いものであることを心に留めておく必要があると思います。

ただし国益を損《そこ》ねるような誤った発言の場合は、話は別です。そんな発言はいち早く糺《ただ》し、その責任を強く追及しなければなりません。

たとえば一九八二年（昭和五十七年）、「近隣諸国条項」をつくって、日本の歴史教科書の最終判定権があたかも北京とソウルにあるかのような由々《ゆゆ》しき事態を引き起した宮沢喜一官房長官（鈴木善幸内閣）の責任。

この問題は――高校の日本史教科書検定に当たって文部省が「中国への侵略」という記述を「進出」に書き直させたという「誤報」に基づき、中国・韓国が強い抗議を申し入れてきたことに端を発しています。それが誤報であったことが証明されたにもかかわらず、時の宮沢官房長官は《近隣のアジア諸国との間の近現代の歴史的事象の扱いに国際理解と国際協調の見地から必要な配慮がされていること》という「近隣諸国条項」を発表して中韓両国の圧力に屈してしまったのです。

　自分の国の歴史教科書をつくるのにいちいち他国にお伺いを立てんばかりの規定を設け、しかも中韓両国の教科書作成に関しては同様の規定がないというこんな馬鹿な話があるでしょうか。これほど情けない独立国は世界広しといえども、どこにもありません。

宮沢官房長官がそんな「近隣諸国条項」をつくってしまったものだから、今日にいたるまで禍根《かこん》を残すことになってしまいました。たとえば、靖国神社の参拝問題。日本という国はイチャモンをつければすぐ謝ってくるという誤った観念を北京政府やソウルの政府に植えつけることになってしまったのです。日本にそれほどのダメージを与えながら、宮沢氏は何らの責任も取っていません。それどころかその後、首相になっているのは周知のとおりです。

一九九三年（平成五年）の河野洋平官房長官（宮沢内閣）のいわゆる「河野談話」も問題です。内閣自体が否定しているにもかかわらず河野官房長官は、広義には「従軍慰安婦の強制連行があった」と発言して、これまた日本国民に大きな恥辱を与えました。この誤った発言によって日本は世界にずいぶんマイナスのイメージを撒き散らすことになってしまいました。しかし河野氏もまた何ら責任を取っていません。いまはのうのうと衆議院議長の座に納まっているほどです。

こうした宮沢談話、河野談話に比べたら、柳沢発言などまったく実害はありません。野党は、宮沢・河野両氏のような重大な誤りのほうをこそ挙げて非難すべきです。女性を「子供を産む機械」に譬えたことをヤリ玉に挙げ、大騒ぎして審議をストップさせるなど、本末転倒もいいところです。そんな野党のリーダーたちの顔を見ていると、「あなたたちは本気で政治のことを考えているのか」といいたくなります。

単に与党を困らせるために騒ぎ立てているなら、それは天皇機関説を振り回して日本の議会制度を崩壊させた戦前の極右と同じではないか。私はあえてそう忠告します。

靖国騒ぎは中国のメンツの問題にすぎなかった

ところで安倍さんは首相に就任するや否や、中国、韓国を訪問して（ともに二〇〇六年十月）胡錦濤《こきんとう》主席ならびに盧武鉉《ノムヒョン》大統領と電撃的に首脳会談をしています。

その半年ぐらい前まで一部の日本人は、「小泉さんが靖国神社の参拝をつづけているために日本のアジア外交が完全にストップしてしまった。その責任は重い」といって、小泉さんの靖国神社参拝に反対し、あるいは靖国神社に替わる「国立追悼施設」の設立や「A級戦犯の分祀《ぶんし》」をウンヌンする議論が盛んでした。

いまでも記憶にあるのは、かつては「自民党のプリンス」といわれたものの、このところ左旋回が著しい加藤紘一氏の「安倍批判」です。——小泉首相は靖国神社に大っぴらに参拝していたが、官房長官時代の安倍氏はだれにも注目されないようにして参拝した（たしかに〇六年の四月、安倍さんは小泉首相主催の観桜会の当日、モーニングを着て目立たぬように靖国神社に参拝した）。それは、小泉首相の参拝がパフォーマンスであったのに対して安倍氏の場合は信念に基づいていたからにちがいない。とすれば安倍氏のほうが中国、韓国からの反発は強くなる。したがってアジア外交に関しては安倍氏のほうが悪質である、というのがその主旨でした。

しかしその安倍さんは、（アメリカとの水面下交渉があったのかどうかはともかく）さっさと中国、韓国を訪問し、あっさり両国首脳との会談を実現してしまいました。しかもその会談で「靖国問題」は話題にもなりませんでした。靖国問題は日中、日韓の根本的な問題だったのではなく、前の中国国家主席・江沢民《こうたくみん》が日本に対してぶつけてきた嫌がらせにすぎなかったのです。いったん言い出したものだから引っ込みがつかなくなっただけの話である、と解釈するのが正しいように思います。

そこで思い出すのは中国の王毅《おうき》駐日大使です。私は〇五年の秋、彼と会って話をしたことがありますが、最初から最後まで、「とにかく靖国参拝さえやめてもらえば日中関係はよくなります」と繰り返していました。それはさながら懇願するような口ぶりでした。王毅大使は本国から「小泉首相の靖国参拝をやめさせるように」と言い渡されていたにちがいありません。靖国参拝中止は中国のメンツの問題だったのです。

元紅衛兵で現在は日本にいる中国人の石平《せきへい》氏（その後、日本国籍を取得）も、「中国政府は小泉さんに靖国参拝をつづけられて困り切っているのです」と言っていました。だから小泉さんも堂々と靖国神社への参拝をつづけ、ものの見事に中国のメンツを潰してしまいました。外国からの不当な圧力に屈しないという毅然たる態度は、日本にとってとてもよかったと思います。

ところが日本の一部政治家や経済人あるいはマスコミは、小泉さんのそうした姿勢をいっさい無視して、「靖国参拝問題では中国の要求を容《い》れるべきだ」と言い続けました。そのウラには自分たちの奉じる赤いイデオロギーや中国への経済進出、ＯＤＡ（政府開発援助）の見返りといった打算があったと想像されます。しかし自国のメンツは放り出して、江沢民らの無法なメンツを立ててやろうとした行為は見逃すわけにはいきません。

しかし、安倍さんの訪中・訪韓で靖国参拝は問題でも何でもなかったのだということが一挙に明らかになりました。「靖国参拝はやめろ」といい募《つの》ってきた人たちは、いったいそうした言論の責任をどう取るつもりなのか。別に懲罰する必要はありませんが、公の場で「靖国参拝反対」を述べた人たちは公の場で謝罪すべきではないでしょうか。「自分たちの観測は間違っていました。靖国参拝は、ほんとうはどうでもいい問題でした。向こうのメンツだけの話でした。それを曲解したため、日本の世論を揺るがすことになり、まことに申し訳ありませんでした」と。

そう考えると、靖国参拝問題で「中国のいうことを聞け」と騒ぎ立てた人たちもほとんど責任を取っていないことに気づきます。彼らには柳沢厚労相を責める権利など、これっぽちもないのです。

現在まで禍根を残す「天皇訪中」

だいたい小泉さんの靖国参拝に反対していた宮沢氏はいま、かつて自分が強行した天皇陛下の「訪中問題」をどう考えているのでしょう。

前後の関係からいえば——一九八九年（平成元年）六月、時の中国政府は、民主化を求めて北京の天安門広場に集まったデモ隊を弾圧し虐殺しました。「天安門事件」のその映像が世界中に流れたため、中国は全世界から総スカンを食って外交的に孤立してしまいました。そのとき、外務省のいわゆるチャイナ・スクールを通じて中国政府が依頼してきたのが「天皇陛下の訪中」でした。日本の天皇陛下に訪中してもらえれば世界中の指弾を和《やわ》らげることができる、という計算からです。そんな依頼を受け、ついに天皇訪中を決断したのが時の宮沢首相でした。

もちろん私は天皇訪中には大反対でした。よく知られているように中国は昔から「朝貢《ちょうこう》」の国です。周辺国の主権者が中国を訪れることは、中国に対して貢物《みつぎもの》を捧げる儀式であり、それは中国に向かって「臣下の礼をとります」ということを意味していました。だから私だけでなく、天皇陛下の訪中に反対する声は澎湃《ほうはい》として起ったのです。

そうした反対の声を押し切って天皇訪中を強行した（一九九二年十月二十三日）のが時の宮沢首相でした。いろいろな摩擦があったことは彼自身、『聞き書　宮沢喜一回顧録』（岩波書店）のなかで語っています。

《やはり国内で、どういうところを抑えておいたらいいかという問題がありまして、官房副長官（石原信雄氏）をはじめみんなが手分けをして、それなりに関係者にも渡りをつけているわけです。渡りをつけていって、簡単なところもありましたが、簡単でないところもあって、なかなか手間がかかりました。こればかりは外に出すわけにいかない話ですが、なかなか手間がかかりました》

当たり前です。なぜわが国の天皇が、民主化を弾圧し世界の指弾を浴びていた中国へ行かなければいけないのか。

しかも、そこまでして行った天皇訪中の結果はどうであったか。

日本の天皇陛下が訪中されたことで、世界の各国が中国に対する外交的な圧力を緩めるようになったのは事実です。しかしその一方、天皇訪中は日本の格をぐんと下げる結果になってしまいました。いまも指摘したように、日本国の元首である天皇が中国を訪れたため、中国政府の頭の中では、日本が中国に対して「臣下の礼」をとったも同然になってしまったからです。

さらにいえば、天皇訪中に際して当時の宮沢首相や加藤紘一官房長官は何と言ったか。

彼らはこう言っていました。「一度、天皇陛下に中国を訪問していただけば日中間の過去のわだかまりはすべて解消します」と。ところが中国という国は、臣下と見なした国に対してはいくら傲慢になってもかまわないと考えます。そのため、過去のわだかまりを解消するどころか、逆に侮日感情がものすごく強くなってしまいました。天皇訪中以来（中国側から見れば日本が朝貢して以来）、日本に対する尊敬心が薄れたため傲慢な発言をするようになったのです。

天皇訪中以前の言論を見れば、それは一目瞭然です。共産中国ですからそれまでにも反日的な言論はありました。しかし、毛沢東《もうたくとう》にしろ周恩来《しゅうおんらい》にしろ鄧小平《とうしょうへい》にしろ、日本に対して傲慢な態度をとったことはありません。ところが天皇訪中後の江沢民以来、中国の指導者たちはすっかり傲慢になりました。

一九九八年（平成十年）十一月に来日した江沢民は、天皇も出席された公式晩餐会で何といったか。「日本軍国主義は対外侵略拡張の誤った道を歩み、中国人民とアジアの他の国々の人民に大きな災難をもたらし、日本人民も深くその害を受けた。『前事を忘れず、後事の戒めとする』という。われわれは痛ましい歴史の教訓を永遠に汲み取らなければならない」と、仏《ぶっ》頂面《ちょうづら》をしてお説教を垂れたのです。前外相の唐家璇《とうかせん》なども、「（日本の外務大臣に）靖国神社を参拝しないよう厳命した」と言うほど驕《おご》り高ぶっていました。なぜ日本が他国の外相から「厳命」されなければならないのか。わが国がこんな侮辱を受けたことは一度もありません。こんなことになったのはすべて天皇訪中以来なのです。

宮沢首相と加藤官房長官は日中関係を改善するために天皇陛下を利用したのです。明らかに外交手段として使った。当時の中国側の外交責任者もそういう意味の発言をしています。

それが功を奏したのなら弁解の余地はまだあるでしょう。しかし実際は、彼らの浅知恵はまったく裏目に出てしまった。「天皇陛下に中国を訪問していただけば日中間の過去のわだかまりはすべて解消する」どころか、かえって中国をつけ上がらせる結果になってしまったのです。

これについて、当時の宮沢首相や加藤官房長官はいったいどんな責任を取ったというのでしょうか。頬かぶりしたままです。

小泉首相が靖国神社の参拝をつづけて中国との関係が悪化したとき、加藤氏は小泉さんの参拝を批判するのではなく、中国に向かってこういうべきだったのです。「天皇訪中を頼み込んできたとき貴国はなんと言ったか。『天皇陛下が訪問してくれれば過去のことはいっさい問題にしない』と約束したではないか。あの約束はどうなったのか」と。それでこそ日本の政治家というべきです。しかもそう言えば、北京政府も反論のしようはなかったはずです。ところが加藤氏はそう言わずに中国サイドの味方をして小泉さんをたしなめた。これでは、一部でささやかれているように、外務省チャイナ・スクールを中心に「ハニー・トラップ」（色仕掛けの罠）や「マネー・トラップ」（カネがらみの罠）にかかっているせいではないかと勘ぐられても仕方がありません。

「他国の宗教には口を出してはいけない」という精神

最後に、靖国問題が今後起らないようにひと言いっておきます。

一六四八年、いわゆる「三十年戦争」を終わらせるために、「ウェストファリア条約」と呼ばれる取り決めがミュンスターとオスナブリュック（ともにドイツ）で結ばれました。私はかつてミュンスター大学に三年近く留学していましたので、その詳細についてはよく知っておりますが、これは近代的な文明国間で結ばれた国際条約の第一号でした。

三十年戦争というのは、カトリックとプロテスタントのあいだで繰り広げられた戦いであるとともに、ヨーロッパで覇権を確立しようとするハプスブルク家とそれを阻止しようとする勢力との権力争いでもありました。三十年もの長きにわたる戦争に決着をつける条約ですから、その条項には国境の確定問題など、いろいろなテーマがありました。しかしいちばん重要なポイントは――「原則として他国の宗教には口を出してはいけない」というところにありました。

そのモットーをラテン語でいえば、cujus regio, ejus religio.（クイユス・レギオ、エイユス・レリギオ＝統治者の宗教がその領地の宗教になる）となります。

そのため、ウェストファリア条約が結ばれたあとは宗教が国家間の戦争でオモテに出ることはなくなりました。たとえ背景に宗教的な軋轢《あつれき》があったとしても、オモテには出なくなった。ナポレオンがヨーロッパ中をあれだけ暴れ回っても「宗教の問題」が表面化したことはありません。普墺《ふおう》戦争（一八六六年のドイツ・オーストリア間の戦争）、普仏《ふふつ》戦争（一八七〇～一八七一年のドイツ・フランス間の戦争）、そして第一次大戦（一九一四年～一八年）、いずれもプロテスタントの国とカトリックの国の戦争でしたが、宗教が問題にされたことはありません。

私の知るかぎり、文明国間で宗教に国家が介入した第一号はアメリカの占領下にある日本に対してマッカーサー司令部が出した「神道指令《しんとう》」（敗戦直後の昭和二十年暮れに出された国家神道の廃止命令）です。いまの日本人はすっかり忘れているようですが、神道指令こそは、ウエストファリア条約の三百年後にアメリカという大国が当時の日本という大国に対して真正面から宗教干渉をしためざましい例なのです。

アメリカはいまブッシュ政権がイラクに軍隊を送っています。その主な理由は「イラクの民主化」ですが、これはいわば政治干渉、内政干渉です。現代のように世界中で経済その他の結びつきが密接になると、内政干渉もある程度は仕方がないという面が出てきます。「おたくの国の通貨レートは高すぎますよ（あるいは、低すぎますよ）」と、しょっちゅうやっています。しかし宗教にだけは口を出しません。あれだけイラクを爆撃したブッシュ政権もイスラム教それ自体には何の口も出していない。それはウェストファリア条約の cujus regio, ejus religio. が世界の常識《コモン・ノリッジ》になっているからです。

そうした世界の常識に反して、ある国家が他国に対して宗教的な口出しをした第二号が江沢民以降の中国です。二〇〇二年十月、メキシコのロス・カボスで開かれたアジア太平洋経済協力会議（ＡＰＥＣ）に出席した小泉さんは中国主席の江沢民と会談をしています。そのとき江沢民は四十五分間の会談時間の八割を靖国問題に割《さ》き、小泉さんの靖国参拝を延々と批判しつづけたといいます。だから小泉さんも意地になって靖国参拝をつづけたのです。日本人はこの事実を知らなければならないし、また世界にもこの事実を知らしめなければならないと、私は考えています。

日本人は伝統的に宗教に関して寛容なのでなかなかピンときませんが、欧米の人に向かって、「中国の靖国参拝批判は宗教干渉です」といったら、これはもう電撃のごとくに伝わります。「原則として他国の宗教には口を出してはいけない」というウェストファリア条約の精神が沁み込んでいるからです。

ところが、そうした電撃のごとくわかる説明を日本政府はしていない。外務官僚も政府のアドバイザーも「宗教」がいかなるものであるかということについて、おそらく無知なせいです。私はそのために日本が蒙《こうむ》ることになる国家的損失を恐れています。

第二章

「大国崛起」を狙う中国の脅威

日清戦争前夜に似ている東アジア情勢

世界の状況について一瞥《いちべつ》しておきます。

いまアジアは日清戦争（一八九四年）前夜の情勢にそっくりです。虎視眈々《こしたんたん》と南下を狙っていた白熊ロシア、政治的に不安定なくせに態度だけはデカい朝鮮、日本に戦艦や巡洋艦を横づけして脅しをかけてきたチャイナ（清国）……。百年前の東アジア情勢はいまなおつづいているように見えて仕方ありません。

韓国はいま明らかに日本に向かってキバを剝《む》いています。

一例を挙げれば、竹島問題。竹島はいうまでもなく日本領土ですが、韓国はそれを「独島《ドクト》」と称してわが領土だと言い募っている。日本は国際司法裁判所で決着をつけようとしていますが、韓国は出てきません。日本はさっさと「竹島記念日」をつくってあの島がわが国固有の領土であることを国際司法裁判所に何度でも訴え出ることです。国際裁判は一方の当事国が出てこないと決着はつきません。韓国は国際法廷の場で勝てる可能性はゼロと知っているから絶対に出てこないし、これからも出てこないでしょうが、向こうが出てこないなら出てこないでもいいから終始、「話し合いをしましょう」と、国際司法裁判所に訴え続けることが大切です。

そうすれば竹島はいずれの日にか日本のものになります。

韓国には、竹島が韓国領土だという文書の裏づけがないから自信がないわけです。ところが日本には竹島が日本の領土であることを証明する文書はうなるほどある。勝負はすでについているのです。

そこで思い出すのは、韓国のさる大統領がかつて「わが国も文書を残す国にしよう」と言ったことです。それを読んで私は、さもありなん、と思いました。証拠文書がなければ領有権など主張できないのです。

ロシアは一時ちょっと友好的な時期もありましたが、依然として「貪欲《どんよく》な熊」です。ソ連が崩壊して非常に貧乏だった時期は日本と仲良くして援助を仰ごうという魂胆があったから擦り寄ってきましたが、石油や天然ガスが出て儲かりはじめると俄然キバを剝き出してきました。

ロシアのサハリン沖で「サハリンⅡ」という資源開発事業を進めてきたのは国際石油資本のロイヤル・ダッチ・シェルと三井物産、三菱商事の三社です。ところが天然ガスが出ると見るや、ロシア政府は〇六年暮れ、突然「環境破壊の危険性がある」と言い出して工事をストップするようクレームをつけてきました。もちろん「環境問題」というのは口実で、その狙いが三社で開発したエネルギーの横取りにあることはいうまでもありません。

また〇七年に入ると、ＥＵ（欧州連合）向けのパイプラインの操業を六十時間以上にわたって停止しています。「ベラルーシがロシア産の石油を不当に抜き取ったから」というのが停止理由でしたが、これによってEUへの石油供給は日量約百五十万バレルも影響が出てしまった。自分の都合で約束を反故《ほご》にするロシアという国の体質をよく物語る出来事でした。

資本主義は時に悪くいわれることもありますが、約束を守らないと資本主義は成り立たないという意外に道徳的な側面もあります。江戸時代、町人は武士から軽蔑されていたけれども、約束はよく守った。大坂の町人など、「もしも約束を守らなかったら満座のなかで笑ってくださって結構です」といったものです。ところが、武士のほうはそうではなかった。「大名貸し」をしたら必ず町人が潰れてしまった。貧乏大名が借りたカネを返さなかったからですが、その意味で、ソ連はまだ資本主義の道徳を共有するところにまで達していません。契約は自分の都合で勝手に破る。そういう国だということを肝に銘じておかなければなりません。

中国も、後述するように軍拡路線をひた走り、世界の資源を漁《あさ》り回っている。非常に危険な覇権国家になろうとしています。

まさに日清戦争前夜の情勢と瓜ふたつといっても過言ではありません。日本はかつて日清・日露の二度にわたる戦争でそうした危険を振り払ったわけですが、その後アメリカと大戦争をして、その戦果を水泡《すいほう》に帰してしまいました。百年前と現在を比較してみると、その相違は、いまはアメリカとの提携の絆《きずな》が強いということぐらいでしょう。

戦争を終わらせることはむずかしい

そのアメリカも、イラク情勢の混沌がつづくなかで、世界に対する威信を失いつつあるように見えます。これを「パックス・アメリカーナ」（アメリカの力による平和）の凋落《ちょうらく》、アメリカの威信の揺らぎ、と指摘する人も少なくありません。げんに〇六年十一月の米下院選挙では、「強いアメリカ」を謳《うた》う共和党が民主党に敗れています。

アメリカから流れてくるテレビ画面を眺めていても、かなりの数のアメリカ市民が、早くイラク戦争を切り上げ、米軍は引き揚げるべきだと語っています。アメリカ人自身も、アメリカの評価が国際的に下がっていることをひしひしと感じているように見えます。

そんな光景を目にすると、私は昭和ひと桁生まれですから（少々意地は悪いけれども）アメリカに向かって、「どうだ、わかったか」と言ってやりたくなります。というのもいまのイラク戦争はかつて日本が苦しんだシナ事変（昭和十二年〜）のようなものだからです。イラクの泥沼にはまって初めて、当時の日本の苦しみがわかったのではないでしょうか。

もちろん、戦争のきっかけには相違があります。

イラク戦争の場合は、大量破壊兵器の査察に応じないフセイン政府に業《ごう》を煮やしたアメリカが爆撃を開始した（二〇〇三年三月）のが発端ですが、シナ事変は当時の中国共産党の謀略によって幕が切って落とされました。日本を裁くのが目的であった東京裁判でも、「シナ事変は日本がはじめた」と決めつけられなかったように、七月七日の盧溝橋《ろこうきょう》事件は中国側から弾を撃ち込んできたのです。八月十三日の第二次上海事変も国民党軍の無差別爆撃がきっかけでした。

上海事変に関しては、最近評判になったユン・チアンとジョン・ハリデイの共著『マオ』（講談社）のなかでも、日本軍と蔣介石率いる国民党軍を戦わせようとした共産党のスパイ・張治中《ちょうじちゅう》という将軍の暗躍が暴露されています。

《八月九日、張治中は蔣介石の許可なしに上海飛行場の外で事件を仕組んだ。張治中が配置しておいた中国軍部隊が日本海軍陸戦隊の中尉と一等兵を射殺したのである。さらに、一人の中国人死刑囚が中国軍の軍服を着せられ、飛行場の門外で射殺された。日本側が先に発砲したように見せかける工作である。（中略）中国軍機が日本の旗艦《きかん》「出雲《いずも》」を爆撃し、さらに日本海軍陸戦隊および地上に駐機していた海軍航空機にも爆撃をおこなった。張治中は総攻撃を命じた。（中略）張治中は、翌日、蔣介石を出し抜いて、日本の戦艦が上海を砲撃し日本軍が中国人に対する攻撃を始めた、と、虚偽の記者発表をおこなった》

いや、戦争の発端はどうでもいいともいえます。日本にとって重要だったのは早く戦闘を終わらせることでした。じっさい、コミンテルン（国際共産主義組織）のスパイ・張治中の画策にもかかわらず日本軍は素早く国民党軍を鎮圧し、蔣介石も重慶の山奥まで逃げ込むことになりました。

それでもシナ事変が終わらなかったのはアメリカ、イギリスがいわゆる「援蔣《えんしょう》ルート」を使って蔣介石を助けたからでした。武器を与え弾薬を送り、食糧を湯水のごとく運んだ。そのため蔣介石率いる国民党軍は生き延びたわけです。ここからもわかるように、日本には侵略的意図などありませんでした。日本軍はあんなシナ大陸の泥沼のような戦場からは早く引き上げたくてしようがなかった。これが歴史の真実です。

それは、シナ事変がはじまったときの参謀本部作戦部長・石原莞爾《いしはらかんじ》少将の言動を見ても明らかです。石原莞爾は、「絶対にシナ事変を拡大してはいけない。とにかく日本は満洲を盛り立てていくのが第一だ」と主張していました。当時、彼が書いたパンフレットのなかにもそうした思いは記されています。石原莞爾の講演「ナポレオンの対英戦争について」から一部を引いておきましょう。

《ナポレオンの没落はこのスペインに於ける軍事的不成功が根本的原因なのであります。（中略）今東亜において日本は支那に対して長期戦をやつてゐますが、今申しましたナポレオンの対英戦争は今次の日支事変と較べて比較的似た戦争であります。日支事変を古い戦争に教訓を求めればナポレオンの対英戦争であり、ナポレオンは日本の立場であります。（中略）ヨーロッパ大陸はナポレオンにとつて味方であるべきものだつた。丁度それと同じに日本は味方であるべきものを叩いてゐるのでありまして、これはナポレオンと同じ経路をふんでゐるのであります。殊《こと》に今度の欧洲戦争の状況が日英事《こと》を構へるといふやうな状況になつて行くとしたならば、英国が支那をナポレオンに対するスペインのやうに使ふために極力努力することは明瞭であります、即《すなわ》ちいざとなれば日本の勢力を支那大陸に深く吸込まうということに、更に悪辣《あくらつ》な努力を払つて行くことは明瞭であります》（『石原莞爾資料　国防論策篇』原書房）

石原莞爾の見方は、次のように要約することができます。――日本軍をナポレオン軍に譬えれば、シナの戦場はナポレオン軍にとってのスペインのごときものである。ナポレオンはイギリス海軍およびロシア陸軍を重視しなければいけなかったのに、どうでもいいようなスペインとの戦争の泥沼に入り込んでしまった。しかも、ナポレオンが指揮を取っていない戦場では連戦連敗。このように、日本軍がシナ大陸で戦うことはナポレオン軍がスペインで犯したのと同様の過《あやま》ちに陥《おちい》ることであるから、シナ事変のようなつまらぬ戦闘で足を取られてはいけない、と。

石原莞爾は日本陸軍にあって「不世出《ふせいしゅつ》の戦略家」と称された天才的将軍ですから、その洞察には鋭いものがありました。

南京が陥落したとき（昭和十二年十二月）は、多田駿《ただはやお》参謀次長（中将）が「即時停戦」を主張しています。参謀次長とはいうものの、当時の参謀総長は閑院宮載仁殿下《かんいんのみやことひとでんか》で、殿下はシャッポにすぎませんから、多田中将が実質的な参謀総長でした。

では、実質上の参謀総長が「即時停戦」を主張したのに戦争が終わらなかったのはなぜか。

当時の首相・近衛文麿のせいです。近衛さんが、コミンテルンのスパイであった尾崎秀実《おざきほつみ》ら取り巻きの意見を入れて、《帝国政府ハ爾後《じご》国民政府（蒋介石政権）ヲ対手《あいて》トセズ》などという馬鹿げた声明を出してしまったからです。

陸軍は戦争をやめたかったのです。多田中将は陸軍の実質的な総責任者でした。その人が、「日本がこのまま戦争をつづけることは莫大な費用もかかるし消耗する。戦争はやめるべきだ」といったにもかかわらず、近衛内閣は耳を貸さなかった。しかも、主戦論を唱える一派からは多田中将に脅しがかかりました。「あなたがどこまでも頑張ると近衛内閣は潰れますよ。戦争中に内閣が潰れてもいいのか」と。日本では、日清戦争にしろ日露戦争にしろ、戦争途中で内閣が交代したことはありません。シナ事変がはじまったときも近衛内閣のまま終わるつもりだったはずです。そこで多田中将も内閣が潰れるのは困ると思って折れてしまった。かくして戦争はつづいたわけですが、陸軍が絶えず「早く引き上げたい、引き上げたい」という強い希望をもっていたことはたしかです。

ただし、その後は日本軍が引き上げると、せっかく南京にできた汪兆銘《おうちょうめい》政権が潰れる恐れがありました。汪兆銘はもとより、政権の関係者や日本軍の協力者は皆殺しにあう可能性もあった。とすれば、無責任にサッと引き上げるわけにもいかない。

いまアメリカが抱えている悩みもこれと同じです。米軍がイラクから撤兵したら、現在イラクで政権に携《たずさ》わっているイラク人たちは皆殺しにされるかもしれません。その協力者たちも同様です。だから引き上げられない。

イラクの場合は、アメリカから戦争を仕掛けたわけですから日本のシナ事変とは開戦理由がちがいますけれども、とにかく戦争というものはいったんはじめると、終えようと思ってもなかなか終えられない。イギリスではブレア首相が追い詰められて、英軍の一部撤退を決めましたが、米軍はそうはいかない。簡単には引き上げられない事情も生じるのです。

日本がシナ事変に苦しんでいたとき、アメリカはそこを理解しようとしなかった。そして一方的に日本を非難したわけですが、いまアメリカはかつての日本のような苦境に立たされている。その姿を見ていると、「それ、見たことか」と言ってやりたくなるのです。

米民主党政権になってもイラク早期撤兵はありえない

いわゆる「ブッシュの戦争」が間違った戦争であったのかどうか、これはそう簡単には決められないと私は考えております。

イラク戦争が正義であったか正義ではなかったか、ということを一応棚上げして論じれば、ブッシュ大統領は戦争目的を達したと見ることができます。

アメリカは、イラクが大量破壊兵器を隠しもっていることを口実にして戦争をはじめたわけですが、それは表向きの理由で、真の戦争目的は別のところにあるといわれていました。イラクはいうまでもなく石油輸出国です。そのイラクのフセイン大統領が二〇〇〇年に、「石油の決済はドルではなくユーロでやりたい」と言い出した。それをストップさせるのが真の戦争目的だったというのです。

アメリカは円換算で毎年数十兆円の赤字を蓄積しています。それにもかかわらず国がもっているのはなぜかといえば、世界中がドルを使ってくれているからです。ところがイラクが石油の決済をドルからユーロに替え、それがきっかけで世界の基軸通貨がユーロになってしまったらドルは一気に暴落する。アメリカのいまの金融体制も崩壊してしまう。アメリカ人は中国の安い品も買えなくなってしまう。そんな恐れが出てきたので、ブッシュ大統領は思い上がったフセインを叩こうとしたわけです。

その点からいえば、ブッシュ大統領は目的を達したといっていいと思います。もちろん戦争になれば犠牲者は出ます。げんに、イラク戦争での死者はもう「9・11テロ」で亡くなった人の数を超えたといいますから、「ブッシュよ、戦争はやめろ」という声も上がるはずです。しかしながら、アメリカのいちばんの奥の院に住まっているエスタブリッシュメントたちは「ブッシュよ、よくやった」と思っているのではないでしょうか。

ただし、アメリカは民主主義国で二大政党の国ですから、二〇〇八年の大統領選では国民も共和党を見限って米民主党が勝つかもしれません。その可能性は高いといわれております。

ヒラリー・クリントン上院議員が米国史上初の女性大統領になるかもしれない。あるいは米民主党の大統領候補がヒラリーではなく、彗星《すいせい》のごとく現れたバラク・オバマ上院議員になれば、これまた米国史上初めての黒人大統領の誕生ということになる可能性もあります。そしてヒラリー・クリントンは「私が大統領になればイラク戦争はやめる」といっています。オバマ上院議員も「イラク戦争に反対した男」で売り出したわけですから早期撤退を訴えています。

しかし、たとえ米民主党が勝ってもすぐに「イラク撤兵」というわけにはいかないというのが私の見方です。どちらが大統領になっても、そう簡単にはイラクから撤退することはできません。政権が交代したからといって撤兵すれば、先に指摘したようにアメリカに協力してきたイラク人が大量に殺されることになるだろうからです。せっかく築いたイラク政権も内部崩壊したりフセインの残党に潰されたりする恐れも出てくる。そうなったら元の木阿弥《もくあみ》。そんな馬鹿なことはしないと思います。

では、これからイラクがどういう政権になっていくか。それは私にもわかりません。しかし、イラク新政府が再び「石油の決済はユーロにします」と言い出したら米民主党の政権でもまた戦争をはじめることは間違いありません。アメリカは絶対に石油の決済をドルからユーロには変えさせない。これがアメリカのいちばんの肝心要《かんじんかなめ》であると私は推察しています。

海洋・宇宙に進出する中国の脅威

ただし、パックス・アメリカーナが揺らいでいることは否定できません。それを揺さぶろうとしているもっとも顕著な国は、いうまでもなく中国です。その武力の台頭を見過ごすことはできません。中国はずっと十九年連続で、前年比二ケタ台のペースで軍拡をつづけています。

二〇〇七年度の国防予算は前年度比なんと一七・八パーセント増！　しかも、外国からの武器の購入費は入っていないので、ほんとうは発表された数字の三、四倍もの予算が軍備拡張に使われてきていると推測できます。いまどきこんな国がどこにあるでしょうか。

海洋面での進出も目立ちます。

〇六年十月には中国海軍の潜水艦が、演習中のアメリカ海軍第七艦隊の旗艦・空母キティホークに接近するという事件がありました。魚雷射程内の八キロ前後まで近づいたというのです。そのとき米軍が潜水艦を対象にした演習をしていたら模擬戦に巻き込んでいたかもしれないので、「きわめて危険な状態であった」とファロン司令官は述べています。中国潜水艦の接近が偵察のためであったのか、スクリュー音の収集が目的だったのか、あるいは挑発であったのか、目的ははっきりしないけれども、中国の潜水艦がこっそり空母や戦艦に近づく技術を獲得しつつあることは事実です。これは海洋上のきわめて重大な問題といわざるをえません。

日本との関連でいえば、東シナ海のガス田の開発でも抜け駆けしようとしています。たとえば「白樺」（中国名・春暁）。中国側は日中協議をボイコットしたまま、「白樺」で生産したガスを「樫」（中国名・天外天）ガス田を経由して寧波《ニンポー》に送るパイプラインを完成させています。しかもこっそりとガス田の開発・生産を進めている。

これについては〇六年十月、甘利明経済産業大臣が記者会見で明確に指摘しています。

《白樺油田と樫油田のあいだに大量のパイプを積んだ船が接近しているという情報がございます。考えられるのは、白樺と樫をつないで、そこから白樺から出た石油・ガスを中国本土に送るという作業の可能性が高いという情報がございます。計画どおりの作業が進んでいるなと思います。ご承知のとおり、白樺だけではなくて樫についても日本は共同開発提案をすると同時に、データを出して欲しいということをいっているわけですから、どちらにしても、この時期に行うということであれば、これは大きな問題にせざるをえません》

さらに重大なことは、中国が宇宙衛星を破壊するミサイルを打ち上げて破壊したことです。中国が、高度約八百五十キロの宇宙空間で、弾道ミサイルに搭載した弾頭で人工衛星を破壊する実験に成功したのはこの一月十一日のことでした。これが何を意味しているかといえば、中国が、アメリカの軍事衛星を打ち落とすなど、宇宙空間での直接攻撃能力を獲得したということです。いうまでもなくアメリカにとっては大きな脅威になります。米政府がただちに実験の中止を勧告したのは当然です。

アメリカ自身は、一九八五年を最後にして衛星を標的とした破壊実験を中止していますから、今後もなお中国がこの種の実験をつづけるようであれば、米中間だけでなく、国際社会の緊張は一気に高まります。

衛星はアメリカのすべてを動かしています。日本のカーナビまで動かしている。それを破壊する実験は世界の脅威です。しかも、アメリカの衛星はだいたい三～四百キロ程度のところを回っていますが、今度の中国のミサイルは八百キロぐらいの射程があるからどんな衛星でも破壊できます。そんな実験をなぜやるのかと詰め寄られて、二月上旬現在、中国政府は何の回答もしていません。「宇宙大国」をめざす中国の動きは不気味といわざるをえません。

そこで思い出すのは、私が二、三年前に地中海を旅したときのエピソードです。そのとき私は客船の操縦席を見せてもらいました。もちろんレーダーも作動していましたが、キャプテンは同時に海図も見ているのです。絶えず海図をチェックしていました。レーダーがあるのにどうしてそんなことをしているのだろうと思った私は、「海図なんて要らないんじゃないですか」と聞いてみました。すると、要らない、という。「しかし、前に衛星を狂わされたことがあって、そうなるときわめて危険だから念のために海図も見ているのです」という返事でした。

衛星が狂う、というのは国際的な場面では常識的な出来事なのかもしれません。しかし、実際にミサイルを使って衛星を破壊するというのはまったく別の話です。勝手にそんなことをされたら世界中が大変なパニックに陥ってしまう。

そこでアメリカのことですから、今度は衛星を守るための衛星の開発に取りかかるのではないでしょうか。中国の衛星破壊ミサイルを放っておくわけにはいかないからです。その意味では、アメリカの産業界はこれから活気づくかもしれません。潜水艦の探索技術だとか衛星を守る衛星の開発だとか、アメリカのテクノロジー産業は大いに発展する可能性があると、私は睨《にら》んでいます。

中国指導部がいまなお毛沢東を奉る理由

それにしても、中国の海洋および宇宙開発に対する執念は見過ごすことができません。

その執念は、ときどきテレビに映し出される天安門広場の光景を見れば一目瞭然です。あそこにはまだ毛沢東の大きな肖像画が掲げられているからです。周恩来や鄧小平といった他のリーダーたちの写真はないのに毛沢東だけある。それはなぜなのか。

現在、北京政府がやっていることは毛沢東の思想とは正反対です。社会主義国の建設という毛沢東の思想は完全に破綻してしまいました。毛沢東はすべての人を極貧の状態に叩き落としただけです。紅衛兵を組織して何千万人という人を殺した政治家です。それに懲りたからこそ、いまの北京政府は毛沢東とはまったく逆の政策を実施しているのです。鄧小平の言葉を借りれば、「黒いネコであろうと白いネコであろうとネズミを獲る（稼ぐ）ネコはいい猫だ」という考えに立った政策。まさに資本主義です。中国は毛沢東の社会主義（共産主義）から鄧小平の資本主義へ、一八〇度転換したといえます。

それにもかかわらず、毛沢東の威信だけが揺るがないのはどうしてか。毛沢東は中国の三つの基本戦略を打ち立てたからです。すなわち——、

①原子力でアメリカに劣らないこと。

②宇宙開発。

③海洋に進出すること。

先に引用した『マオ』のなかにもこんなくだりがあります。

《一九六二年末には、飢餓状況は好転した。それにつづく数年間、食糧供出レベルを人民の生存を脅かさない程度に保ちつつ、毛沢東は人工衛星や原子力潜水艦など大飢饉で棚上げされていたお抱えプロジェクトを再開しはじめた。さらに、新しいプロジェクトも加わった。レーザーである。（中略）当面、毛沢東の関心の的は原子爆弾だった》

いま中国が推し進めている政策はすべてこの戦略に沿って築かれています。一九七六年の毛沢東死後も宇宙開発は休みなくつづき、海洋進出もずっとつづいてきました。実際の社会生活においては毛沢東の共産主義的な試みは完全に破綻したけれども、中国の威信を賭けた「原子力開発」「宇宙開発」および「海洋進出」が相変わらず大目標として掲げられているため、天安門広場から毛沢東の肖像画が外されることがないのです。

現在の北京政府の権力者たちは大金持ちになり、その子供たちも「太子党《たいしとう》」といわれてエリート生活を送っています。彼らにすれば大変結構な話である。翻《ひるがえ》って考えてみれば、自分たちがここまでこられたのは強大な軍事力のおかげであり、その軍事力の基本をつくったのは毛沢東だ。国があれほど貧しいときでも原子力開発や宇宙開発、海洋進出の研究を進めさせた。毛沢東はやはり国父《こくふ》である。

そう思っているからいまでも毛沢東を奉《たてまつ》っているのです。中国政府がいかに微笑政策、平和政策をとったとしても、天安門から毛沢東の大肖像画が消えないうちは、われわれは安心してはいけないでしょう。

台湾の危機を見過ごしてはならない

ところで、いまいちばん心配なのは中国が虎視眈々と狙っている台湾の状況です。もし台湾を中国に取られたらどうなるか。アメリカも日本もその問題をとっくりと考えないといけない時期にきています。万が一そんな事態になったら、東シナ海から西太平洋全般にわたって中国の支配下に入ってしまいます。東南アジアも中国の支配するところとなりかねない。そして、台湾海峡を中国に押さえられたら中東から日本へつながる海上輸送ルートは寸断されてしまうし、太平洋に睨みをきかせる米艦隊も手足を縛られた格好になってしまう。お手上げです。

台湾が日米関係の枠外に出るというのはそういうことを意味しているのです。

それにもかかわらずアメリカがどこかノホホンとしているように見えるのは、アメリカには正しい歴史的認識がないからだと私は睨んでいます。彼らは、台湾は日本が中国からムリヤリむしり取った島だくらいにしか思っていないのです。

もちろんそんな事実はありません。第一、台湾は中国ではないのだから中国の実効支配を受けたことは一度としてありません。しかしアメリカはアジアから遠いからそうした事実認識に欠けているのです。アメリカ人にはまだ、朝鮮半島も台湾も満洲もすべて日本が一方的に奪った土地だという誤った認識がつづいている。まさに東京裁判史観がつづいたままなのです。そこから脱出できないでいる。

アメリカ人と日本人は望遠鏡を両端からのぞいているようなところがあります。普通にのぞけば遠くのものが大きく見えますが、逆さからのぞくとグンと小さく見える。それと同様に、日本からはアメリカが大きく見えるけれども、望遠鏡を反対からのぞいているアメリカには日本がずいぶん遠くに見える。アジアだって小さく見えてしまうのでしょう。

だから中国が台湾に魔の手を伸ばしてもアメリカの反応はもうひとつ鈍い。「台湾はもともと中国に属していたのだから……」という誤った認識に囚《とら》われているからです。そのあいだにも中国は着々と手を打ち続けているというのに。

中国の手が伸びているせいか、最近も台湾の前総統・李登輝《りとうき》さんが妙な発言をしていると伝えられています。周知のように李登輝さんは「台湾独立派の大物」と目《もく》されている人ですが、二〇〇七年一月三十一日に発売された大手週刊誌「壱週刊《いっしゅうかん》」で、「私は台湾独立を主張したことはない」と発言したというのです。

《台湾は事実上、すでに主権が独立した国家である》

《したがって、このうえさらに独立を求めることは後退であると同時に、米国や大陸（中国）と多くの問題を引き起こすことになるから危険である》

《それにそもそも、私は台湾独立派ではない》

従来の立場を一八〇度引っくり返す発言でした。その真意をめぐって台湾政界は大揺れに揺れましたが、このウラには中国側の懐柔策《かいじゅうさく》があると見られています。〇八年の北京オリンピックを成功させ、さらには中国統一をもくろむ北京政府は積極的に李登輝さんに接近しているというのです。訪中を促しているという話もあります。

もっとも、最近、李登輝さんに近い人から聞いたところでは、「台湾はすでに独立しているので、いまさら独立派とか何とかという話ではない。中国を訪ねたいというのは、日本の『奥の細道』を訪ねたいのと同じで、孔子の歩いたところをたどってみたいということだ」とのことでした。

その一方、北京政府は、荒っぽい手を使って台湾独立派の要人を寝返らせています。代表的なのが台湾でも有数の大企業「奇美《きみ》グループ」の元会長・許文龍《きょぶんりゅう》さんのケースです。許文龍さんは憂国の士ですから、もちろん台湾独立派でした。そこで中国政府は許文龍さんが中国本土に投資している工場の運営を邪魔し、さらには銀行からの融資をストップさせたといいます。

追い込まれた許文龍さんは「ひとつの中国」を言わざるをえなくなったというのです。〇五年の出来事です。

いまの台湾はもうひとつ問題を抱えています。

李登輝さんのあとを継いだ陳水扁《ちんすいへん》総統（民進党）は台湾独立派ですが、みずからの支持基盤をさらに広げるために人気取り政策を行い、本来の支持者が離れてしまったといわれています。そこへもってきて、呉淑珍《ごしゅくちん》夫人や側近の汚職事件が発覚して（〇六年十一月に起訴）ますます追い詰められることになりました。

そこで〇八年の台湾総統選挙では、国民党主席の馬英九《ばえいきゅう》という人が有力視されていたのですが、この二月十三日、台北市長在職時代（一九九八〜二〇〇六年）に市長経費の一部を私的に流用したとして横領罪で起訴されてしまいました。これに対して、馬氏はみずからの潔白を主張して、「党主席は辞任するけれども総統選には出馬する」と表明しています。馬氏はまだ五十六歳。しかも俳優並みのルックスなので国民のあいだの人気も非常に高かったようですが、「被告」のままでの出馬はやはり国民党にとってはマイナスでしょう。かくて国民党の前主席・連戦《れんせん》氏や王金平《おうきんぺい》立法院長（国会議長）を推す声も出てきて、総統選は俄然混沌としてしまったのです。

もっとも、日本にとってはこのほうがよかったかもしれません。というのも馬氏は「親中ら「ひとつの中国」と言い出したら派」といわれているからです。馬氏が総統に当選して、もし「ひとつの中国」と言い出したら……これは怖いといわざるをえません。

それでなくても、総選挙を実施している台湾は（逆説的な言い方になりますが）不気味な要素を抱えています。総選挙を行って勝った党の総統がもし、「わが国は中国と一国二体制でいく」と宣言したらどうなるか。総選挙をやっている以上、これは「国民の総意」ということになりますから、その決断についてほかの国は口出しできない。民主主義の世界では絶対に口出しできません。だから台湾はかえって危ないのです。

では、どうしたらいいのかといえば、やはりアメリカと日本が一体になって台湾を守る姿勢を鮮明にすることです。日本がきちんと集団的自衛権を確立して、アメリカと連携しながら東シナ海でもインド洋でも合同で動くようにする。そうすれば台湾の人たちも安心して台湾独立派を支持しつづけるはずです。そうでなければ、彼らも中国の脅威を感じて「独立」の志が揺らぐようになるかもしれません。

私は、アメリカは米軍を沖縄から引き上げてグアムなどに移さないで台北にもっていくべきであったと思っています。安倍さんが上手にアメリカを説得して台北に米軍基地を置かせるようにすれば、かつて西ドイツのフランクフルトにアメリカの大軍がいたと同じくらいの威力を発揮することができます。しかしそれもアメリカの歴史認識が変わらなければ実現は望み薄だと思いますが……。

ナショナリズムに狂奔する中国の「大国崛起」

宇宙開発だけでなく海洋進出にも邁進《まいしん》する中国は、マグロ漁でもカツオ漁でも太平洋に出てきているし、チリ沖まで押しかけて獲《と》っています。さらに怖いことには北朝鮮の羅津《らしん》近くの港を借用した。機会があれば今度は日本海で魚を獲りまくろうとかまえています。それに対して日本政府はどのような対策を考えているのか。おそらく何らかの方策は考えているとは思いますが、オモテには出てきません。

先の人工衛星の破壊実験や急速な軍拡なども併《あわ》せ考えたとき、私は中国には本気で世界を制覇しようという意図があるような気がしてなりません。すなわち、「パックス・アメリカーナ」を追い詰めて、「パックス・シニカ」(中華帝国による平和)がそれに取って代わろうとしているのではないか、と。

最近、中国では「大国崛起《たいこくくっき》」というフィルムが評判になっているそうです。中国中央テレビが制作した歴史ドキュメンタリーで、スペイン、オランダ、イギリス、フランス、ドイツ、ロシア、アメリカ、日本……といった国々がどのようにして大国になっていったのか、その勃興の足取りを探ろうという番組です。すなわち、その秘密が盗めればわが国も大国になれるんだぞ、と国民を煽っている。

いまシナ人を動かしているのは、自分たちは大国になるのだという大国崛起のパッション、大国崛起に向けたエネルギーなのです。その熱情は大東亜戦争中の日本以上だと想像していいと思います。

げんに中国では最近、アメリカ大陸を発見したのは明《みん》の時代の武将・鄭和《ていわ》の艦隊だったという本が出版されて評判を呼んでいるそうです。それがウソかマコトかはともかく、鄭和の艦隊はインド洋からアラビア半島、アフリカまで行っていますから、そうした史実をかき集めて国民を鼓舞しているわけでしょう。私が小学生のころの少年雑誌には、戦国時代から江戸時代初期にかけて活躍した山田長政がシャム（タイ）の首相（実際は日本でいえば知事）であったといった話が載っていましたが、そんな発想とよく似ています。

ともかく、いまの中国はナショナリズムに燃えています。そうした目で眺めていると、「あ、これはかつての日本の大東亜会議のマネだな」と思ったのは中国が主宰する「中国・アフリカ協力フォーラム」です。

この会議は、二〇〇〇年に中国がアフリカ諸国に声をかけてつくったものです。閣僚級会議は三年に一度開かれ、第三回目の会議が〇六年の十一月に北京で開かれました。アフリカからは四十八か国の外相や経済関係の大臣が出席しています。出席しなかったのは、アフリカでは例外的に民主的な国だけ。内戦で人殺しや虐殺を繰り返している国々の首脳はみな集まっています。

アフリカの国々を北京に集めるというのはあまりにも突拍子《とっぴょうし》もないことでしたから、最初はヨーロッパ諸国もアメリカもたいした反応は示しませんでした。ところが三回目の会議が行われると、ようやくその重大性を認識するようになりました。中国がなぜアフリカの国々を一堂に集めて会議をするのか。アフリカの資源と国連における政治的支持票を握るのが狙いだということにやっと気づいたのです。

その効果はすでに現われています。〇六年わが国が、国連安保理の常任理事国の枠を増やして日本もそこに入れろと言い出したとき、それを阻止しようとした中国の圧力が功を奏して、アフリカでもアジアでも日本に票を投じる国は一か国もありませんでした。

日本はこれまで何兆円ものカネをアジアやアフリカへ投じてきましたが、それは全然効き目がなかったのです。それに対して中国は、日本からもらったＯＤＡのカネをアフリカあたりに回して「日本の常任理事国入りには賛成するな」と圧力をかけました。これは効き目がありました。日本からのＯＤＡには何の注文もついていないから、アジア・アフリカの国々にすれば黙っていてももらえます。ところが中国からのカネには注文がついている。注文に応じればもらえるけれども、そうでなければもらえない。当然、中国の注文に応《こた》えるようになります。そうすれば日本と中国から二重にもらうことができるからです。

そうやって中国はアフリカ諸国を組織化しようとしているのです。げんに中国はアフリカ各国に千人単位で軍隊を送って自国の現地事業を守っています。兵隊を送ってまで事業を守っているから現地での反感はあるようですが、効き目があることはたしかです。

戦前、日米英独仏伊といった列強は、自分たちが進出している外国の土地に軍隊を派遣して商業権益を守っていました。上海の租界《そかい》などがその典型です。中国はいま、自分たちが十九世紀から二十世紀にかけてやられたことをアフリカに対してやりはじめているのです。

その意味でも、中国の主宰する「中国・アフリカ協力フォーラム」は日本の「大東亜会議」のマネだといえましょう。

中国主宰「アジア会議」の危険性

日本が大東亜会議を開催したのは昭和十八年（一九四三年）十一月五日と六日の両日でした。大東亜戦争は侵略戦争ではない。資源が欲しいだけのことではじめた戦争でもない。欧米の植民地支配からアジアを解放して各国の独立を助けるために立ち上がったのだ——という日本の理想を伝えるための会議でした。

本来であれば、前年の十七年に開催できればよかったのですが、十七年当時の外務大臣は東郷茂徳《とうごうしげのり》でした。東郷氏は、よく知られているように朝鮮人の陶工の子孫で、そもそもは「朴《ぼく》」という姓でした。財をなした父親が士族株を買って「東郷」姓を名乗るようになったため、五歳のときに朴茂徳から東郷茂徳になったという人物です。そういう人ですから大東亜会議の開催にはさほど積極的ではなかった。ところが十八年になると、外務大臣が重光葵《しげみつまもる》に代わります。すると、重光さんはただちに大東亜会議を招集しました。

そのとき初めてアジアの首脳たちが日本に集まりました。日本の東条首相は別にして、満洲国の張景恵《ちょうけいけい》国務院総理（首相）、中華民国の汪兆銘行政院長（首相）、タイのワンワイタヤコーン殿下（首相代理）、フィリピンのラウレル大統領、ビルマのバー・モウ国家主席、それにオブザーバーとして自由インド仮政府のチャンドラ・ボース首班が出席しています。

このとき、インドネシアからは民族指導者として名を馳せていたスカルノとハッタ両氏も来日しています（ふたりはインドネシア独立後、初代の正副大統領）。すると天皇陛下は、大東亜会議の正式メンバーではないふたりも皇居に招いたのです。当時のインドネシア人は宗主国オランダから見下されていましたから、オランダ女王に面会するなど夢にも考えられないことでした。ところが、そのオランダを降《くだ》した日本の天皇陛下が皇居に招いてくれたのです。その感激はいかばかりであったことか。しかも天皇はご自分のほうから歩み寄って握手をした。それ以降、スカルノとハッタ両氏は大の親日家になっています。

こうして大東亜会議はアジア独立の気運を高めました。そのため、日本が戦争に敗れたあと白人がまたアジアに舞い戻ってきても、戦前のように植民地にすることは不可能になったという経緯があります。

たしかに、日本はアジアの解放のためだけに戦ったわけではありません。開戦に至るにはさまざまな要因があります。しかし、大東亜戦争の視野のなかに「アジア解放」が入っていなかったとはいえません。それを雄弁に物語る一幕が昭和十八年の大東亜会議でした。

では、中国がいまアフリカ会議を開いてどんな結果が生じるのか。これはもうしばらくたってみないとわかりません。ただし、アフリカには文明的な行動をしない政府が多いことは事実ですから、そんな国々が中国という「大ならず者国家」を親分に戴いて動きはじめたら、これは怖い。私の見るところでは、世界が爆弾を抱え込むような危険性を秘めております。国連がおかしくならなければいいのだが……というのが私の切《せつ》なる願いです。

中国人民軍の「イラク派兵」という悪夢

私は最近、悪夢を見ることがあります。「夢」というのはあくまでも比喩ですが、それが正《まさ》夢《ゆめ》にならないともかぎらないと思うと、背筋に寒いものが走ります。

中国は国連安全保障理事会の常任理事国でありながら、これまで国連の軍事的活動には援助をしてきませんでした。ところが、いまも指摘したように最近はアフリカに軍隊を出しはじめた。ということは、アメリカが困り切っているイラクへ人民軍を派遣する可能性もあるのではないでしょうか。

万が一、中国がアメリカないし国連に対して、「では、わが国から二万人ぐらいの兵士をイラクに出しましょう」といったらどうなるか。アメリカは大喜びでイラクを中国に任せて引き上げるでしょう。全員撤退しないまでも、かなりの戦力を本土に帰還させることは間違いありません。アメリカにすれば、まさに「中国サマ、サマ」です。

そんな事態が到来すれば日本は蚊帳の外に放り出されること必至です。まして〇八年の大統領選で共和党が敗れ、伝統的に中国寄りの米民主党から次の大統領が選出されれば、日本の立場はますます弱くなります。中国が領有権を主張すれば、尖閣列島でも沖縄でも、アメリカは

「中国の領土でしょう」と言い出すかもしれない。

なぜならば国際関係でいちばん強力なのは戦時の仲間だからです。イギリスにA friend in need is a friend indeed（まさかの友こそ真の友）という諺《ことわざ》がありますが、困っているとき手を貸してくれた友がいちばんありがたいのです。

ベトナム戦争のとき韓国は軍隊を出しました。そのおかげで、それまではほとんど不可能であった韓国人のアメリカ移民が大幅に自由化され、韓国人がドッとアメリカに押し寄せることになりました。そして、アッという間にアメリカ中にコリアン・タウンができるようになったのです。戦争のときに手を貸すというのはそれくらい重要なことなのです。

イラク戦争に際して日本は戦闘部隊こそ出しませんでしたが、海上自衛隊およびサマワに駐屯した陸上自衛隊など、かなりの手助けをしたので小泉首相はブッシュ政権から暖かい支持を得ました。そのおかげで、北朝鮮による拉致問題にも多少のメドがつき何人かの日本人が帰国できました。それまでは警察もなす術《すべ》のなかった日本国内の朝鮮総連にも手を入れることができるようになった。ブッシュ大統領がA friend in need is a friend indeedを実感したからです。

こうした一連の流れを見ればわかるように、イラクの泥沼に足を取られているアメリカに向かって、中国が「軍隊を二万人出しましょう」といったら米中関係は一気に好転します。中国にすればもちろん、将兵に何十人、何百人という犠牲者が出ることでしょう。しかし中国の強みは自国民が一万人や二万人死んだところで痛くも痒くもないというところにあります。人口統計にしてからが十三億人だ、いや十五億人近いといっている国ですから多少の死者など屁でもない。中国というのはそういう国です。

そう考えると、中国人民軍のイラク派遣はまったくの夢物語とはいえません。ということは――米中接近、日本棚上げの可能性も大いにありえます。

これが私の考えている悪夢の中身です。

第三章

昭和史の三大必読文献

歴史は基本文献にさかのぼれ

私はこの二〜三年、自分の本職ではない、歴史の基本的文献にかかわる仕事を三つばかり仕上げました。まずはそれを列挙しておきます。

・レジナルド・ジョンストン『紫禁城《しきんじょう》の黄昏《たそがれ》』監修（祥伝社）
・国際連盟調査報告書『全文　リットン報告書』解説＋編（ビジネス社）
・『東條英機　歴史の証言〜東京裁判宣誓供述書を読みとく』解説＋編（祥伝社）

私の本職は英語学、もっと詳しくいえばイギリス国学史です。イギリス国学史というのは、イギリス人のイギリス研究の歴史およびイギリス人の英国史の研究を原典に基づいて調べる学問です。ある意味では比較文献学といってもいいでしょう。したがって私は文献に対してはとくにこだわりをもっております。ある事柄を研究する場合、どういう文献が重要か、どんな文献が参考になるか、ということが学問では非常に大事になってきます。論をいくら積み重ねても、それがまったく信用の置けない資料（あるいは史料）に基づいたり、誤った記述に拠ったり、あるいはプロパガンダ文書に依拠したりしていたのでは、できあがったものは砂上の楼閣といっしょです。何の価値もない。いや、それどころか害を流すことすらあります。

前述したように、「大東亜戦争は好戦的な日本による侵略戦争であった」という東京裁判の大前提を頭から信じ込んでしまえば、そこからは「戦前の日本はひどい国だった」という結論しか出てきません。ところが、その裁判を主宰したマッカーサーが朝鮮戦争を体験することによって、日本の置かれている地理的条件や戦前の日本が追い詰められていた状態をみずから感じとり、「東京裁判の前提は間違っていた。日本は自衛のために戦ったのだ」と米上院の軍事外交合同委員会で証言している事実を知れば、歴史の見方はがらりと変わってくる。一八〇度ちがってしまう。同じダグラス・マッカーサーという将軍の発言でも、かくもちがうのです。それは、前者がそう信じ込んでいた「思い込み」であり、後者がみずから体験した結果としての「確信」だからです。「空論」と「経験」のちがいともいえます。

どちらを重視すべきか。当然、後者です。

それにもかかわらず、前者に基づく「東京裁判史観」のみを後生大事《ごしょうだいじ》に抱え込んで「日本は悪かった、悪かった」と言い続けてきたのが戦後の歴史教育であり、進歩的文化人であり、マスコミでした。それが戦後日本人に与えてきた悪影響は計り知れません。

この一事を取っても、拠るべき資料の大切さがわかるでしょう。

私の専門とする文献学の分野では、ad fontes《アド・フォンテス》ということがよくいわれます。「源泉にさかのぼって」というほどの意味です。基本資料、信頼のおける文献に基づいて研究しなければならない、ということを戒《いまし》めています。

先の例でいえば、日本についての「侵略史観」はマッカーサーがそう思い込んでいた見方であり、「自衛史観」は彼みずから身をもって知った実感です。だから、マッカーサーは「侵略史観」を撤回して「自衛史観」に転向したのです。ad fontesというモットーに従うなら、前言撤回したあとの米上院軍事外交合同委員会でのマッカーサー証言こそ、大東亜戦争を考える場合の「重要文献」というべきでしょう。

そう考えるから私は、歴史の真実を秘める上記三冊の監修や編纂《へんさん》、解説に携《たずさ》わってきたのです。

満洲建国についての最重要文献『紫禁城の黄昏』

ここ数年、昭和史に関する本がいろいろ出版されています。私も『昭和史～松本清張と私』（ビジネス社）という、松本清張氏の『昭和史発掘』（文春文庫）を批判的に読み解いた大部《たいぶ》の本を出しました。平成も二十年近く経過して、「昭和」という時代が歴史として見えるようになったから、昭和史関係の書籍の刊行が相次ぐようになったと考えられます。

もっとも、戦後数年したところで岩波新書から『昭和史』（遠山茂樹・藤原彰・今井清一共著）という本が出て評判になったこともあります。ただし、この本は東京裁判史観どころかコミンテルン史観に則《のっと》った本なので、評判にはなりましたが批判もまたずいぶん強かったのを覚えています。

そうした昭和史関連の書籍を見渡したとき私は、いずれの本からも抜け落ちながら、しかしきわめて重要な文献が三つあることに気づきました。そこで、自分の専門外ではあるけれども上述した三つの仕事に手を染めたのでした。

昭和史を理解するうえで超重要な事件は「満洲国」の建国（昭和七年＝一九三二年）です。これがすべてのキーになります。

では、満洲独立についての最重要文献は何か。

満洲国自体の公文書をはじめ、満洲関係者の手記や聞き書き、メモ、その他いろいろありますが、満洲国のいちばん内側にまで入って理解を助けてくれるものとしてはまず、『紫禁城の黄昏』を挙げなければなりません。

これはレジナルド・ジョンストンという人が書いたものです。ベルナルド・ベルトルッチ監督の評判を呼んだ映画「ラストエンペラー」（一九八七年）をご覧になった方は記憶にあると思いますが、ジョンストンという人はつねに黒い服を着て、清朝《しんちょう》最後の少年皇帝・溥儀《ふぎ》に付き添っていたあの家庭教師です。溥儀の絶対的な信頼を得ていたイギリス紳士であり、当代一流のシナ学者でした。後年、ロンドン大学教授に就任、ロンドン大学東方学院の主任教授まで務めています。

いわゆる「辛亥革命《しんがいかくめい》」（一九一一年）によって清朝が倒れ、皇帝の座を追われたあとも、溥儀は紫禁城の城内に住むことを許されていました。ところが一九二四年の十一月、北京で馮《ひょう》玉祥《ぎょくしょう》という共産系の将軍のクーデターが勃発、配下の兵士たちが紫禁城にも侵入してきて溥儀に危険が迫ります。当時、溥儀は中華民国政府の手によって厳重な監視下に置かれていましたが、生命の危機を感じると、黄塵蒙々《こうじんもうもう》として咫尺《しせき》も弁じがたいある日、自発的にジョンストン博士とともに城内から逃げ出し日本の公使館に助けを求めました。日本公使館は溥儀が逃げ込んでくることなど予期していなかったから、公使（芳沢謙吉）は非常に困惑してしまう。迷った挙句、芳沢公使は自分たち夫婦のいちばんいい部屋を提供しました。これが満洲建国のそもそものはじまりです。

ここで重要なのは、紫禁城を見限って日本公使館に駆け込んだ溥儀の動きが自発的なものであったという点です。日本人が強制して溥儀を公使館に連れ込んだわけではなく、溥儀みずから命からがら逃げ込んできたのです。そのうち溥儀はシナ人（漢人）に見切りをつけるようになりました。そこで彼は父祖の地である満洲に戻りたいと願うようになります。

周知のように、清朝というのは満洲民族が興《おこ》した国で、シナ人の国ではありません。満洲人が北京に攻め上がり、そしてシナ人を支配して建《た》てた国です。ところがいまやその清朝が倒され、溥儀自身も紫禁城を逃れることになった。そうであれば、自分の先祖の土地である満洲に戻りたいと、溥儀は燃えるような情熱をいだくことになったのです。

そのころの満洲は、有名な張作霖《ちょうさくりん》以下、多くの軍閥が割拠していて収拾がつかない状態でした。しかし、かつて満洲を治めていた一族の末裔《まつえい》である溥儀が戻るのなら混乱も収まるだろうし、溥儀自身、父祖の地へ戻りたがっていた。そこで、溥儀と同じ認識に立っていた関東軍（満洲に駐屯して満鉄の守備や在満邦人の警護に当たっていた日本軍）が溥儀を助け、満洲建国に協力することになったのです。

したがって溥儀の「満洲入り」も、世上いわれているように、日本が強制したことではありません。彼自身の意思と判断で満洲の地を踏んだのです。それはつねに溥儀に密着していたジョンストン博士がこう記していることからも明らかです。

《（昭和六年・渡部注）十一月十三日、上海に戻ってみると、私的な電報で皇帝が天津を去り、満洲に向かったことを知った。

シナ人は、日本人が皇帝を誘拐し、その意思に反して連れ去ったように見せかけようと躍起になっていた。その誘拐説はヨーロッパ人の間でも広く流布していて、それを信じる者も大勢いた。だが、それは真っ赤な嘘である》（終章）

《皇帝が誘惑されて満洲に連れ去られる危険から逃れたいと思えば、とことこと自分の足で歩いて英国汽船に乗り込めばよいだけの話である。皇帝に忠実で献身的な臣下の鄭孝胥《ていこうしょ》は、皇帝の自由を束縛する牢番ではないことを強調しておきたい。皇帝は本人の自由意思で天津を去り満洲へ向かったのであり、その旅の忠実な道づれは鄭孝胥と息子の鄭垂《ていすい》だけであった》（同上）

こうして溥儀が満洲に戻ると、それまで割拠していた軍閥たちも、「皇帝が満洲国を建てるなら結構だ」といってアッという間に満洲国が成立して、溥儀は執政（のちに皇帝）の座に就きました。

満洲は中国の領土ではない

ジョンストン博士のようにシナの歴史に通暁《つうぎょう》している人にすれば、満洲建国はきわめて妥当な出来事でした。それゆえジョンストン博士は、自分といっしょに命からがら難を逃れた教え子・溥儀が首尾よく満洲国皇帝になったことを大いに喜び、書斎には満洲国の国旗（五色の旗。地の黄色は満洲の国土と民族を、赤は日本民族、青は朝鮮民族、白は漢民族、黒は蒙古民族を表している）を掲げ、そして『紫禁城の黄昏』という本を書いたのです。教え子・溥儀が父祖の地に帰れたことを寿《ことほ》ぎたい思いがあったと想像されます。

ここで満洲という土地について簡単に説明しておきます。

十六世紀後半、満洲族の族長はヌルハチという人物でした。当時、シナ大陸を支配していたのは明《みん》ですが、その支配権は満洲にまでは及んでいません。万里の長城の外側にある満洲はまさに文明の及ばない「化外《けがい》の地」でした。

ところが、その満洲の地に現れたヌルハチは非常に有能な英傑で、一五九一年に東満洲を統一すると、一六一六年には後金《こうきん》という国を建てました。日本でいえば徳川家康が死んだ年です。やがてヌルハチの後金は明との対立を深め、一六一八年には明と戦うことになり、その八年後に六十八歳で没しています。

ヌルハチの死後、後金を継いだのは息子のホンタイジでした。後金を大清国《だいしんこく》と改め、明との攻防はその後もつづきましたが、一六四三年、ホンタイジも病没します。

後継者はフリンといい、翌一六四四年、ついに明を打ち倒して北京入城を果たします。ここに清のシナ本土制覇が成り、フリンは順治帝《じゅんちてい》と称しました。その後の清朝には康熙帝《こうきてい》、乾隆《けんりゅう》帝《てい》、雍正帝《ようせいてい》といった偉大な皇帝が出ています。そんな清朝の最後の皇帝が宣統帝《せんとうてい》と呼ばれた溥儀でした。

……こう見てくればわかるように、満洲という土地は清朝の故郷であって、シナ人の土地ではありません。満洲に興《おこ》った清がシナ本土を支配するようになったため、ここに初めて満洲とシナ本土が渾然一体となったわけです。それ以前は、シナ本土と満洲とはまったく別個の土地だったのです。したがって清朝が倒れてしまえば、満洲とシナ本土とは何の関係もありません。ところが今日《こんにち》、北京政府は満洲の地を「中国東北部」と称し、自国の領土に編入してしまいました。そして昭和七年から昭和二十年までつづいた満洲国を「偽満洲国《にせまんしゅうこく》」などと呼んでいるのです。

私からいわせれば、とんでもない話。歴史の偽造にほかなりません。

ついでに記しておけば、一般に、孫文が辛亥革命を起したといわれます。しかし正確には、

「辛亥革命」ではなく「辛亥独立運動」というべきです。清朝という満洲族の政権からの、シナ人の独立運動だったからです。

独立を果たしたシナ人は、満洲族というかつての支配民族を万里の長城の北に追いやりました。そこで、追い払われた正統的な最後の皇帝（溥儀）は父祖の地に逃げ帰り、日本の力も借りて満洲国を設立したのです。

このどこが悪いというのか――。

シナの歴史は王朝の変遷にすぎない

もう一点、重要なことを記しておきます。

シナの歴史には固有の「国名」は無く、「王朝名」しか無いという事実です。ジョンストン博士も『紫禁城の黄昏』で、こう注記しています。

《日本にはひとつの王朝しかない。（中略）したがって、その国名（「大日本帝国」）はヨーロッパの国々と同じように用いるが、シナの用いる用語は王朝名であり、「中国」ではなく「大清国」である》（第八章注）

どういう意味かといえば――ヨーロッパでは「領土の王」という言い方をします。イギリスの国王であればKing of England、フランスの王ならKing of Franceといいます。日本の天皇はEmperor of Japanです。それは、王朝と領土が一定だからです。だから、イギリスという国名も、フランス、日本という国名も一定である。

ところがシナの場合は、漢民族が支配したり（たとえば漢）、蒙古民族が支配したり（元《げん》）、あるいは満洲族が支配したり（清《しん》）……と、支配民族が次々に替わり、その都度《つど》、王朝も替わり領土も変化してきた。したがってKing of Chinaと呼べるような存在はいないというのです。「チャイナ」という一定した国名も無い。

シナの歴史はすべてDynasty、すなわち「王朝」で見なければいけない。モンゴル民族の王朝（元）はMongolian Dynastyであり、満洲民族の王朝（清）はQing Dynastyである。断じてKingdom of Chinaと呼ぶことはできないし、Empire of Chinaと呼んではいけないというわけです。

逆にいえば、満洲族の建てた清朝がシナ本土を支配しているあいだは、シナも満洲も清国の領土だけれども、いったん清朝が倒れてしまえば、満洲とシナ本土は別個のものだということになる。げんに清朝は、満洲の地に漢人やモンゴル人、朝鮮人が立ち入ることを禁じ、父祖の地を「封禁《ふうきん》の地」としていた時期があります。

このようにシナの実情を知り抜いていたジョンストン博士ですから、『紫禁城の黄昏』にはこのほかにも重要な指摘がいくつも出てきます。一、二、それを引いておきましょう。

《シナの人々は、満洲の領土からロシア勢力を駆逐するために、いかなる種類の行動をも、まったく取ろうとはしなかった。

もし日本が、一九〇四年から一九〇五年にかけての日露戦争で、ロシア軍と戦い、これを打ち破らなかったならば、遼東半島のみならず、満洲全土も、そしてその名前までも、今日のロシアの一部となっていたことは、まったく疑う余地のない事実である》（第一章）

《日本は、一九〇四年から一九〇五年、満洲本土を戦場とした日露戦争で勝利した後、その戦争でロシアから勝ち取った権益や特権は保持したものの、（それらの権益や特権に従属する）満洲の東三省《とうさんしょう》は、その領土をロシアにもぎ取られた政府の手に返してやったのである。その政府とは、いうまでもなく満洲王朝の政府である》（第四章）

日本が満洲の地を返してやったその政府とは、《いうまでもなく満洲王朝の政府である》という最後の一文が重要です。そこには――シナ人に返してやったわけではないという含意があるからです。

また、いわゆる辛亥革命によって清国が倒されたとき、もしあのとき最後の皇帝・溥儀が即座に満洲に帰っていたなら満洲はシナとは別の国として存続しただろう、という指摘もあります。

《もし満洲人が満洲に退き、しかもシナでの満洲人の権力が最終的に完全に崩壊したと判明すれば、十七世紀前半に君臨した王朝と同じように、シナから完全に独立した満洲君主制の再興を目にすることも決してありえなかったわけではない》（第七章）

岩波文庫が削除した核心部分

以上のようなことを『紫禁城の黄昏』は縷々《るる》述べています。

この本の初版が刊行されたのは一九三四年三月でした（*Twilight in the Forbidden City*）。私のもっているのは初版第四刷で刊行が同じ年の十二月ですから、約半年で四刷になっていることがわかります。布表紙で数センチ近い厚みのある大部の本がこんなスピードで版を重ねることはめったにありません。よほど世間の注目を集め、売れに売れたことを物語っています。

ところが戦後は、この原著がなかなか見つかりませんでした。私は一所懸命に探しました。外国の古本屋にも頼みましたが全然出てこない。二十年ぐらいたってやっと一冊だけ見つかりました。アメリカ古書店協会の会長が知り合いなので、彼にも依頼しましたけれども、やはりアメリカでも見つからず、オーストラリアで一冊だけ出てきました。このように戦後はなかなか見つからない本になってしまったのはなぜなのか。イギリスやアメリカは満洲国の独立を憎んでいましたから、満洲国の正統性を裏づけるような本は戦時中に捨てられるか焼かれるかしたためだと推察しています。政府命令で焼かれたとまでは思いませんけれども、第二次大戦の終結とともに満洲国が崩壊してしまうと、もっていた人も、「こんな本はもう要らないよ」といって処分してしまったのではないだろうかと想像しております。

ただしこの本が第一級の史料であることは一読すればわかりますから、アメリカでは数年前からリプリント版が刊行されています。

そもそもジョンストン博士のこの本は、ことさら日本の肩をもつような本ではありません。それは、原著を刊行した出版社がヴィクター・ゴランツ社であることからもわかります。日本でいえば岩波書店のような出版社なのです。社長であるヴィクター・ゴランツはそれまでの出版業績によって「サー」の称号を受けた人で、非常に剛直な人物でした。筋金入りの社会主義者で、左翼的な読書クラブ「レフト・ブック・クラブ」もつくっています。左派の「ロンドン・スクール・オブ・エコノミックス」の政治学教授であったハロルド・ラスキや、労働党の党首になるクレメント・R・アトリー、さらには社会主義作家で政治家のジョン・ストレイチーなどとともに活動した人です。

ゴランツ社はナチズムやファシズムに抵抗する良書を出したことでも有名な出版社です。そんな出版社が出した本ですから『紫禁城の黄昏』がいいかげんな内容の本であるはずがありません。右翼的な本であるはずがない。著者も、書いてある内容も、非常にしっかりしているからゴランツ社が出版したのです。

そこで私はこの本の全訳を出す必要があると思いました。

というのは、映画「ラストエンペラー」がヒットすると岩波文庫がこの本の翻訳を出したのですが、満洲国の成立や当時の政治状況がいちばんよくわかる部分を大幅にカットしてしまったからです。すなわち第一章から十章までをバッサリ省いて、また満洲国の成立がよくわかる第十六章も全文カット。満洲国の成立に関係した人の名前が出てくる箇所は、序章からはじまって虫食いのように削っています。その結果、全体が大幅にカットされてしまったのです。それはもう「文化的な犯罪」というしかありませんでした。

岩波文庫がなぜそんなことをしたかといえば、前節で見たように、「満洲はシナの土地ではない」とか、「いわゆる辛亥革命のとき、溥儀が満洲に帰っていれば正統的な満洲国ができていたことであろう」といった具合に、現在の北京政府に都合の悪い記述がたくさんあるからです。中国に遠慮して削ってしまったのだと思われます。

訳者のひとりである入江曜子氏は「あとがき」にこう書いています。

《本訳書では主観的色彩の強い前史的部分である第一～十章と第十六章「王政復古派の希望と夢」を省き、また序章の一部を省略した》

私はこんな酷《ひど》い出版物は最近見たことがありません。《主観的色彩が強い》かどうかは読者が判断すべきことです。訳者が勝手に《主観的色彩が強い》からといって、その部分を削ってしまったら読者はその判断すらできないではないか。そんな政治的編集をするくらいなら最初から訳さなければよかったのです。そんな本が「岩波文庫」の名前で出るところに、いかに岩波書店が戦後、北京政府の手先になってきたかがうかがえます。

だから私は完訳が必要だと考えました。そこで、私の教え子である中山理《なかやまおさむ》君に翻訳を依頼しました。彼は英語が非常によくできる人で、元来がミルトン（『失楽園』で有名な十七世紀イギリスの詩人）の研究家です。博士論文も英語で立派な文章を書いています。翻訳をはじめたときは麗澤《れいたく》大学の学部長でしたが、麗澤大学には中国人の先生も大勢おりますから、本のなかに登場する人名もひとつひとつ確認できて、とてもいい訳本になりました。ちなみに中山教授は現在、麗澤大学の学長を務めております。

『紫禁城の黄昏』を読まずに満洲を語るなかれ

私が言いたいのは、この『紫禁城の黄昏』を読まずして「満洲」を語ってはならないということです。この本が東京裁判の証拠書類として採用されていたら裁判は成り立たなかっただろうとさえ考えています。

実際には、『紫禁城の黄昏』は東京裁判の証拠書類から外されてしまいました。これを証拠として採用すると裁判が成り立たなくなってしまうからです。そこで理屈にもならない理屈をつけて外してしまったのです。都合の悪いものは抹殺してしまうところなど、岩波文庫のやり方とそっくりです。

証拠書類から外す第一の理由は、著者のジョンストン博士が亡くなっているから内容の真偽を確かめようがないということでした。そんなことをいったら、東京裁判で証拠とされたほかの資料はどうなるのか。それに関係した人だって大勢死んでいます。これが屁理屈にすぎなかったことは明らかです。

二番目の理由は、巻頭に序文を寄せている溥儀が証人として出廷して、「自分はそんな序文を書いた覚えはない」と証言したことです。

終戦直後の八月十九日、奉天《ほうてん》の飛行場でソ連軍に逮捕された溥儀は、当時はハバロフスク収容所に抑留されていました。したがって右の証言もソ連から強制されたものだと考えていいでしょう。真実を言おうにも、彼にはそれが許されていなかった。もしソ連の意向にそむくような証言をすれば、収容所に戻ってから処刑される危険性がありましたから溥儀は偽証したのです。じっさい、東京裁判のために来日しているあいだ溥儀にはソ連人の監視がついていました。

しかしいまから考えれば、証拠書類として却下されずに済んだはずでした。溥儀の書いた序文には玉璽《ぎょくじ》が押してあったからです。それもふたつ押してある。そのひとつには「宣統御筆《せんとうぎょひつ》」とあります。「宣統帝」とは溥儀のことです。その玉璽が押してあるということは、われわれ庶民のレベルでいえば、実印つきということになります。

皇帝というのはみずから字を書くことをしません。文章は祐筆《ゆうひつ》が書く。その代わり、たしかに自分が書いたという意味で玉璽を押します。したがって玉璽が押されていれば、その文書は皇帝が書いたという意味になるのです。『紫禁城の黄昏』の序文には玉璽がふたつも押されています（完訳本には序文の写真版も掲載されている）。ということは、溥儀自身が本の内容をすべて保証していることになります。

弁護側はそう言って溥儀の偽証を突けばよかったのです。そうすれば証拠書類として採用されたかもしれない。ところが当時のアメリカ人というのは玉璽、つまりハンコの意味を理解していなかった。そのため、あっさり引き下がってしまったのではないかと思われます。かえすがえすも残念なことでありました。

「満洲事変＝日本の侵略」を否定する「リットン報告書」

このように歴史の基本史料に当たると、戦後日本でずっと唱え続けられてきた「通説」とはまるで異なる「歴史の真実」が見えてきます。それを知れば、外交の場であれ国際交流の場であれ何であれ、堂々と日本の主張を述べることができます。そのためにも私は、源泉にさかのぼって（ad fontes）第一級史料を読むことの重要性を強調しているのです。

次に取り上げる「リットン報告書」は、昭和六年（一九三一年）に勃発した満洲事変についての国際連盟の調査報告書です。歴史の教科書には必ず出てきますから、たいていの日本人はその名前ぐらいは知っているはずです。もっとも、学校で教えられたとおりに、「リットン報告書は日本の満洲侵略を国際社会がこぞって非難したレポートだ」という印象をもっている人がきわめて多いと思いますが。

しかし本文を通読すればわかるように、報告書は相当程度「日本の立場」を認めています。少なくとも、満洲事変と聞けばただちに「日本の大陸侵略」と決めつけ、満洲国と耳にすれば即座に「傀儡《かいらい》国家」と反応するような朝日新聞その他の左翼マスコミより、ずっと正しい歴史認識を示しています。

一例だけ挙げておけば、満洲事変の性格についてこう記しています。

《問題は極度に複雑だから、いっさいの事実とその歴史的背景について十分な知識をもったものだけがこの問題に関して決定的な意見を表明する資格があるというべきだ。この紛争は、一国が国際連盟規約の提供する調停の機会をあらかじめ十分に利用し尽くさずに、他の一国に宣戦を布告したといった性質の事件ではない。また一国の国境が隣接国の武装軍隊によって侵略されたといったような簡単な事件でもない。なぜなら満洲においては、世界の他の地域に類例を見ないような多くの特殊事情があるからだ》（第九章、傍点渡部）

簡単にいえばこういうことです。

満洲における日本の権益は日清戦争のときに生じたものである。日本はその後三国干渉でその権益を取り上げられてしまうけれども、日露戦争の勝利でそれを取り戻した。満洲の歴史はそのように《極度に複雑だから》、満洲事変も単に日本軍が侵略したというような《簡単な事件ではない》。いってみれば、満洲には《世界の他の地域に類例を見ないような多くの特殊事情がある》。それゆえ、《いっさいの事実とその歴史的背景について十分な知識》のないものは口を出す資格がない、とまで断言しているわけです。

ここだけ読んでも満洲事変についての認識はかなり変わってくるはずです。少なくとも、戦後流布されて、中国や韓国が責め立てるような「満洲事変＝日本の侵略」という単純な等式など成り立たないことがわかります。当時の国際連盟から派遣された調査団がそう結論づけているわけですから、赤いイデオロギーや真っ黒なナショナリズムで言い立てる主張よりずっと客観的な見方であることはたしかです。

そこで私は、中国や韓国がやかましく「歴史認識」を叫んでいる折から、満洲事変当時の「日本の立場」をかなりの程度まで認めていた史料をいま改めて読み直すことは意味があると信じてリットン報告書の紹介を思い立ったのです。

正式タイトルは、「国際連盟日支紛争調査委員会報告書」（*Report of the Commission of Enquiry into the Sino - Japanese Dispute*）。翻訳に私の解説を付し、さらに現在ではなかなか入手しにくい英語原文も全文掲載しました。

それが先に挙げた『全文　リットン報告書』です。

報告書は日本の立場に理解を示している

前述したように、リットン報告書は満洲事変についての国際連盟の正式なレポートです。一九三一年九月十八日、奉天郊外の柳条溝《りゅうじょうこう》で南満洲鉄道（いわゆる「満鉄」）の線路が何者かの手によって爆破されたのを機に、日中両国のあいだで戦闘が開始された。そこで中国政府が紛争の拡大防止を国際連盟に提訴。それを受けて国際連盟理事会は調査団の現地派遣を決めたのです。

イギリスのリットン卿以下、米仏独伊、五か国の将軍や貴族が調査団のメンバーに選ばれました。事変勃発の翌年（昭和七年＝一九三二年）二月三日にフランスのル・アーヴルを出航、日本や中国各地、それに満洲をまわって多くの関係者にインタビューをしたり文書を読んだりしてレポートをまとめています。そのレポートに調査団のメンバー全員がサインをして国際連盟に送ったのは九月四日。ル・アーヴルを出発してからちょうど七か月後のことでした。

では、その調査でどんなことが判明し、それに基づいてどんな結論が出されたのか。かいつまんで、その骨子を記せば――、

①満洲は特殊事情のある土地だ。
②したがって日本が侵略したとか占領したといって割り切れる問題ではない。
③それゆえ満洲の地を事変以前の原状に戻すことは不可能である。
④だから何らかのかたちで妥協的な解決を図るしかない。

これだけでも、「リットン報告書とは、日本の満洲侵略を国際社会がこぞって非難したレポートだ」という理解が間違いであることがわかるでしょう。①については先に引用したので、③に関して原文を引いておけば次のとおりです。

《単なる原状回復が問題の解決にならないことは、われわれが述べたところからも明らかだろう。本紛争が去る九月以前における状態から発生したことを思えば、その状態を回復することは紛糾を繰り返す結果になるだろう。そのようなことは全問題を単に理論的に取り扱うだけで、現実の状勢を無視するものだ》（第九章）

事変が起きてしまった「いま」、満洲の状態を事変以前に戻すことは現実的ではないといっているのです。そんなことをすれば、また《紛糾を繰り返す結果になるだろう》。満鉄の線路爆破を受け、日本軍が出動した地域では日本軍の治安維持を認めるべきであると結論しています。

こうして見ると、リットン報告書も『紫禁城の黄昏』同様、当時置かれた日本の立場をかなり正確に理解していますので、そんな一節をいくつか挙げておきます。

《満洲における日本の権益は、諸外国のそれとは性質も程度もまったく違う。一九〇四年から五年にかけて、奉天や遼陽といった満鉄沿線の地、あるいは鴨緑江や遼東半島など、満洲の曠野《こうや》で戦われたロシアとの大戦争の記憶は、すべての日本人の脳裡《のうり》に深く刻み込まれている。日本人にとって対露戦争とは、ロシアの侵略の脅威に対する自衛戦争、生死を賭けた戦いとして永久に記憶され、この一戦で十万人の将兵を失い、二十億円の国費を費したという事実は、日本人にこの犠牲をけっして無駄にしてはならないという決心をさせた。しかも満洲における日本の権益の源泉は、日露戦争の十年前に発している……》（第三章）

満洲における「日本の権益」というのは、日本が勝手に侵略して奪ったものではない。それは日清、日露の両戦争に由来するもので、その間日本は多大な犠牲を払っているのだとしています。ところがその満洲が大混乱のうちにあるから、日本は大いに苦しめられてきたのです。

《政治的混乱あるいは内乱、社会的・経済的不安は中央政府の衰微をもたらすと同時に、一九一一年の革命以来、シナの特徴となっている。こうした状態はシナと接触するあらゆる国に不利な影響を及ぼし、それが克服されるまでシナは、つねに世界平和の脅威であり、また世界経済の不況の一原因となるだろう》（第一章）

《日本はシナにいちばん近い国で、またシナは最大の顧客だから、日本は本章で述べたような無法状態によってどこの国よりも強く苦しんでいる。シナにおける居留外人の三分の二以上は日本人だし、満洲における朝鮮人の数は約八十万人にのぼる。したがって、いまのような状態のままでシナの法律、裁判および課税に服従しなければいけないとしたら、それによって苦しむ国民がいちばん多いのは日本である》（第一章）

日本はどのように苦しめられてきたか。リットン報告書が挙げるのは、教科書などで「日貨《にっか》排斥《はいせき》」と記述されているシナ人による日本商品のボイコットです。

《初期のボイコット方式は、①排斥される国の商品を買わないようにすることだった。しかし次第に活動範囲は広がって、②その国に対してシナの商品を輸出しない、③あるいはシナにいるその国の人間に対して有償・無償のサービスを拒絶する、といったふうに拡張された。そしてついに、④最近のボイコットは「敵国」とのあいだのすべての経済関係を完全に遮断するようになった》（第七章）

これでは日本人が怒るのも当然ではないか。いずれにしろ、シナ本土の混乱・無秩序・暴虐が満洲事変の引金になったのだと報告書は指摘しています。

拙劣だった松岡洋右の「国際連盟脱退」演説

もちろん、報告書には批判すべき点も多々あります。満洲は《完全にシナの一部分である》（第九章）という結論など、その最たるものです。明らかな間違いです。それも決定的かつ致命的な誤りだから、日本政府も反発し、首席全権としてジュネーヴの国際連盟総会に派遣された松岡洋右《まつおかようすけ》は会議の場で啖呵《たんか》を切って連盟脱退を宣言したのです。しかし私に言わせれば、松岡全権の「脱退演説」はまったく評価できません。彼はこんな演説をしているのです。

《さて、連盟の目的は、いうまでもなく「世界の平和」である。米、ソ、英、仏、すべての列強が平和を望むが如く、日本も、種々の逆宣伝にもかかわらず、平和を望んでいる。我々の目的にさしたる違いがあるとは思わない。ただ、その手段に関して意見の喰い違いがあるのみである。

我々は、日本が生きるか死ぬかの大問題に取り組んでいる。極東における安寧秩序の回復という重大問題はその一環である。（中略）

ここで、私は、列国の代表に対して、声を大にして訴えたい。

人類は、といっても、ローマ人であるが、二千年前、ナザレのイエスを十字架にかけた。イエスの考えを危険であり、世をあやまる、すなわち、不可としたのである。しかも、今日、いかがであるか？　欧米の大部分をはじめ、世界に分散する多くのキリスト教徒が、エルサレムのイエスの墓の前にぬかずいているではないか。（中略）

諸君――、日本はまさに全世界から十字架にかけられようとしているのだ。しかし、我々は信ずる。もし、今日、日本が十字架にかけられたとしても、世界の世論は、やがて我々にくみするであろう。早ければ、わずかに数年にして世界の世論は変るであろう。

私はここに断言する。ナザレのイエスがついに世界に理解されたように、今日十字架にかけられつつある日本も、また、やがては世界から理解されるであろう、と》

クリスチャンの多い欧米列強の代表を前にして、日本を二千年前に十字架にかけられた《ナザレのイエス》に譬えるなど、いかにも場違いです。日本のような異教徒の国が自国をキリストに譬えて、キリスト教の国々に向かって語るとはアホみたいなレトリックではありませんか。

こんなことをいうなら先に私が触れた満洲の歴史――つまり、ヌルハチ以降の史実からもわかるように満洲は清朝固有の領土であってシナの領土ではないということを縷々《るる》説くべきでした。満洲は満洲族の土地であり、満洲国はその満洲人が建てた国だ。その建国を日本が助けてどこが悪いのかと訴えればよかった。欧州の国々の代表は満洲の歴史や満洲の特殊性を知るはずもないのだから、それについて詳しく説明したら、彼らの満洲事変の受け止め方だってだいぶちがったと思います。

昭和天皇はリットン報告書を容認していた

その意味では、リットン報告書に対する日本の対応は拙劣すぎたといえます。

リットン報告書がまとめられたのは、上記のとおり昭和七年の九月です。ところが同じ年の三月一日には満洲国が建国されています。つまりレポートがまとめられたとき、満洲はすでに満洲民族の正統なる首長を戴く独立国になっていたのです。リットン調査団のレポート自体、不要になってしまったといっていいでしょう。松岡全権（あるいは日本政府）はそこも強調すべきでした。「独立」という既成事実は調査レポートなどより千倍も万倍も重い意味をもつからです。

イラクのフセイン政権を例に取れば、イラク戦争の理由になった大量破壊兵器はついに見つかりませんでした。しかし、だからといってフセイン政権が崩壊したという既成事実は元に戻りません。「事実」というのはそれほどの重みをもつのです。

日本は、リットン報告書が国際連盟総会の場で採択されても平然と連盟の一員に留まるべきでした。旧ソ連など、いくら国連の場で批判されても脱退しようとはしなかった。日本もああいう態度をとればよかったのです。報告書は上に述べたように日本の立場を全否定するようなものではなかったのですから、なおさらです。

昭和天皇のご意思も脱退に反対であったことは『昭和天皇独白録』でも明らかにされています。

《かの「リットン」報告書の場合の如き、私は報告書をそのまゝ鵜呑みにして終《しま》ふ積りで、牧野、西園寺に相談した処、牧野は賛成したが、西園寺は閣議が、はねつけると決定した

以上、之《これ》に反対するのは面白くないと云つたので、私は自分の意思を徹することを思ひ止つたやうな訳である》

満洲国がすでに成立している事実の重みを武器にしてしばらく国際連盟のなかでもみ合っていれば、満洲帝国の既成事実はさらに確固たるものとなり、それを承認する国も次々に出てきたはずです。げんに満洲独立後、バチカンのほか、南京政府（汪兆銘政府）、タイ、ビルマ、フィリピン、内モンゴル、ドイツ、イタリア、スペイン、ポーランド、ハンガリー……といった具合に、満洲国を承認する国は二十か国以上にのぼったのですから。

日本人の罪悪感を払拭する『全文　リットン報告書』

このリットン報告書が東京裁判で十分に使いこなされなかったということも残念なことでした。

報告書は国際連盟が出したものですから、かなりの程度まで日本の立場を認めている文書だからといって、検察側もこれを証拠資料から外すわけにはいきませんでした。『紫禁城の黄昏』とは異なり、却下することはできなかった。そこでリットン報告書の都合のいい箇所だけ拾ってきて利用しています。東京裁判それ自体が日本を裁くのを目的とした国際的なショーでしたから、そのかぎりでは当然の話でしょうが、それでは「法」という名が泣こうというものです。

その点、インドのパル判事は「さすが」というべきです。パル判事は周知のように、東京裁判の判事のなかでたったひとり「日本無罪論」を展開した法律家です。その判決書のなかからリットン報告書に言及した部分を一、二引いておきます。

《検察側は、日本が満州および中国において持っていたあらゆる権益は、往時の侵略によって獲得したものと性格づけることを選び、その後の日本の行為をそれとつねに関連づけて列挙して、それによって日本が中国ならびに他の諸国にたいして負っている義務を示している。かような性格を付することをわれわれに容認させるような証拠はまったく提出されていない》（共同研究『パル判決書』上、講談社学術文庫）

《本裁判において、この論点（満洲事変における共同謀議・渡部注）に関して提出されたすべての証拠を慎重考慮した後においても、なお本官は、われわれはリットン委員会の報告の範囲を越えて考える権利はないものと考える。しかも本官の意見では、リットン報告は、われわれが満州事変は起訴状に訴追されているような、共同謀議の結果であると認め

ることを正当化しないであろう》（同上）

リットン報告書を精読したパル判事も、満洲事変は侵略ではないと判断したのです。ところが、インド人の優れた法律家であるラダビノッド・パル博士がそう判断しているにもかかわらず、世の中には「満洲事変は侵略だ、侵略だ」と叫びまわる日本人が後を絶ちません。政治家にも学者にも、ジャーナリストにも学生にも、さらにはビジネスマンにも家庭の主婦にも、そういう人が大勢います。いったいリットン報告書を読んだことがあるのでしょうか。読まずにそんなお経を唱えているなら、私は、「リットン報告書ぐらい読んでおけよ」と忠告しておきます。

『全文　リットン報告書』がいまなお日本人の中国に対する罪悪感を払拭《ふっしょく》するのに役立つ文献であることは私が請け合います。

ただし、リットン報告書の前に『紫禁城の黄昏』が出ていたら、リットン報告書も「満洲をシナの自治区にしたらよい」などと書かなかったでしょう。ジョンストンも、「リットン報告書を作成した人たちは満洲の歴史をよく知らなかったのだ」と言っております。

宣誓供述書がもつ五つの意味

三番目の『東條英機　歴史の証言』は、東京裁判の法廷での東条被告の宣誓供述書を基にしています。二百ページ強にわたる東条被告の供述書全文について私が各項ごとに詳細な解説を加えました。

不思議なことに、法廷で東条被告がどんな供述をしたのか、それを引用した昭和史の本を私は寡聞《かぶん》にして知りません。こんなおかしな話があるでしょうか。

東条さんは第一次近衛内閣の陸軍次官として満洲から戻ってきて（昭和十三年）、それから第二次近衛内閣で陸軍大臣（同十五年）、そして昭和十六年に首相になっています（内務大臣、陸軍大臣を兼任）。昭和十九年に首相を辞任するまでのあいだ、日本のいちばん重要かつクリティカルな数年間を政府の中枢で過ごした人です。日本人としてはいちばん情報を握れる立場にあったと言い換えてもいい。そんな人の二百ページ強の供述書ですから、これほど貴重な史料はありません。

東条被告の宣誓供述書が第一級の史料である第一の理由です。

二番目の理由としては、これが単なる覚書や日記ではなく法廷の文書だということ。日記の類《たぐい》なら記憶ちがいや自己弁護も入ってくる可能性がありますが、供述に対しては検事たちが反対尋問をしてきます。したがって、事実に関する「解釈」については検事側と意見が食い違うことがあるとしても、少なくとも「事実」それ自体にはウソは入り込めません。事実のウソはすぐ暴《あば》かれますから事実の捏造《ねつぞう》は成り立ちません。

第三は、前述したように、東京裁判の「法源」ともいうべきマッカーサーがのちに「日本の戦争は自衛のための戦いであった」と東条被告の主張を認めていることです。これは、彼を裁き死刑に処したマッカーサー自身が東条被告の弁護人になったようなものです。いったい、ニュルンベルク裁判でナチスを裁いた人があとになってヒットラーやゲーリングの弁護をするような発言をしたでしょうか。日本はナチス・ドイツと同じではなかったということを意味しています。

第四は、東条供述書が昭和史において占める位置は、人体でいえば頭蓋骨や背骨に当たるということ。昭和史には秘話やウラ話あるいは覚書がたくさんあります。しかしそういう記録はいくら面白くても、人体でいえば腕や足、爪や爪の垢にすぎません。そこへいくと、この供述書は人体にとっていちばん大事な頭蓋骨や背骨に相当する。ほかの史料とは重みがちがいます。

五番目に、東京裁判は過去の問題ではなく現代の問題であり、さらには未来につながる問題であること。この裁判を正しく理解して「日本の主張」を正確に知ることなしには日本の歴史教育は砂上に楼閣を築くようなものになってしまう。そうならないためにも、堂々と日本の主張を述べ立てた東条被告の供述書は必読文献といえましょう。

こうした五つの理由から、東条被告の宣誓供述書こそ昭和史を知ろうとする人が第一番目に読むべき文書であると信じています。簡単にいえば、東条さんが何を言ったかを検証しなければ昭和史は書けないということです。

ところが、この供述書に言及した昭和史の本を私は知りません。もしヒットラーに弁明録があったら、たとえ彼を批判するときでもそれを使わない人はいないだろうと思います。ところが東条さんの供述書は批判されることもなく、ただただ無視されてきました。それはおかしい、間違っている、と思ったので私は東条さんの供述書を読みやすいかたちにして、そこに私の解説をつけたのです。ずいぶん厚い本になってしまいましたが、ここには前の二冊の本同様、「歴史の真実」があります。

読者の方からは、「これを読んで初めて東条英機、延《ひ》いては日本の言わんとしていたことがわかりました」という声も届いています。

日本を追い詰めたハル・ノート

東条さんは、シナ事変（昭和十二年）のころまでは冷や飯を食わされて地方に回されたり、満洲に飛ばされていました。だから、日独伊三国防共協定にはいっさい関係していません。当時はいわば蚊帳《かや》の外に置かれていました。三国軍事同盟の調印は入閣二か月後でしたが、すでにお膳立の済んだ話でした。

宣誓供述書のなかで東条さん自身こう述べています。

《私は一九四〇年（昭和十五年）七月二十二日に、第二次近衛内閣成立とともに其《その》陸軍大臣に任ぜられる（当時陸軍中将）迄《まで》は一切《いっさい》政治には関係しませんでした》

在米の日本資産凍結（昭和十六年七月）、対日石油輸出の停止（同八月）と、日本がクビを締められ、風雲急を告げていよいよどうしようもなくなり、アメリカと妥協してでも和平交渉をまとめなければならないとなったとき、総理を務められるのはだれかということで浮上したのが東条さんでした。すでに第一章で述べたように——アメリカと妥協した場合、青年将校たちが決起して二・二六のような事件が起るかもしれない。それを抑えられるのは東条さんしかいないということで選ばれたのです。

だから首相に就任してから、東条さんは全身全霊を挙げて和平を模索した。それが天皇のご意向でもあったからです。陛下に忠実な東条さんが和平の道を探ろうとしたことは明らかです。しかしアメリカのほうは最初から和平など考えてはいませんでした。せいぜい時間稼ぎをするつもりでした。この点についてはインドのパル判事も指摘しています。

《もし交渉が、（中略）準備の時間を稼ぐ目的だけに図られたとみなしうるならば、時間を稼いだのは日本でなく、米国であったといわざるをえない。両国のそれぞれの資源を思い出して見れば、日本は時間の経過によってうるものはなにもなかった》（共同研究『パル判決書』下、講談社学術文庫）

一部に、日本は時間稼ぎをしながら軍備を整えたというけれども、時間稼ぎをして日本が有利になるはずはない。時がたてばたつほど石油は減ってしまうのだからと、パルさんは指摘しているのです。

日本としてはむしろ速《すみ》やかに交渉を進めて、和平を実現したいと願っていたのです。しかし、戦争は絶対に避けるべきであるといっていた人たちも、「ハル・ノート」を突きつけられ（昭和十六年十一月二十六日）、最終的に「開戦やむなし」と思うようになります。東条さんは供述書のなかで、ハル・ノートをこう要約しています。

《一、日本陸海軍はいうに及ばず、警察隊もシナ全土（満洲を含む）及び仏印（フランス領インドシナ）より無条件に撤兵すること。
二、満洲政府の否認。
三、南京国民政府の否認。
四、三国同盟の死文化》

これがアメリカ側の出してきた最後通牒です。フランス領インドシナというのは現在のベトナム、ラオス、カンボジアですが、その仏印もふくめ、日本軍は進駐先から無条件に撤退せよというのはまだよいとしても、満洲国も認めなければ南京政府も認めない、独伊との三国同盟もやめろというのです。日本がこれまでやってきたことを全否定している。とても呑めるような条件ではありません。

このハル・ノートに対する感想としては、やはりパル判事の言葉をひとつ引用しておけばいいと思います。

《現代の歴史家でさえも、つぎのように考えることができたのである。すなわち、「今次戦争についていえば、真珠湾攻撃の直前に米国国務省が日本政府に送ったものとおなじような通牒を受取った場合、モナコ王国やルクセンブルグ大公国でさえも合衆国にたいして戈《ほこ》をとって起《た》ちあがったであろう」》

ということは、ハル・ノートは和平交渉のためにまとめられたものではなく、日本を怒らせ、そして開戦に踏み切らせるための文書だったということになります。じっさい、ハル・ノートが書かれるまでの経緯を探っていくと、そうした意図があったことは明らかです。

ハル・ノートを書いたのはコミンテルンのエージェントだった

この最後通牒が「ハル・ノート」と呼ばれているのは当時の国務長官コーデル・ハルの名前で出された文書だからです。しかし、現在ではこれが当時財務省にいたハリー・デクスター・ホワイトという人物が書いたものであることがわかっています。

ハリー・デクスター・ホワイトはかなりの辣腕《らつわん》で、戦後は世界銀行のアメリカ代表まで務めていますけれども、じつはコミンテルンのエージェントでした。彼はスターリンから、「何がなんでも日本を戦争に引き入れよ」という指令を受けていました。当時のソ連はドイツから怒濤のごとき攻撃を受け、モスクワもレニングラードも危《あや》うい状況だったから、この上さらに日本に攻められたら大変だと考えたスターリンは、日本とアメリカを戦わせようと画策したのです。両国が戦争になれば、さしあたって日本からの攻撃は避けられる。そこでホワイトに命じて、絶対に日本が呑めないような草案をつくらせたというわけです。

それまでアメリカ側の交渉を担当していたのはハル国務長官でしたから、当然彼も日本に手渡す文書の草案を練っていました。そこへホワイトの文書が登場した。すると当時のルーズベルト大統領はそれに飛びついてしまいました。ルーズベルトはとにかく日本を叩きたくてたまらなかったので、強硬な文面であればあるほどお気に召したからです。ルーズベルトは「これでいこう」といって、ハル長官にホワイトの草案を日本側に手渡すよう命じました。大統領の命令ですからハル長官も逆らえない。かくて日本側に手交《しゅこう》された文書は「ハル・ノート」と呼ばれるようになったのです。

しかしその文案を書いたのは自分ではない。だからハル長官は後々まで日本への最後通牒を「ハル・ノート」と呼ばれることを嫌っていたといわれています。

一方のホワイトのほうは、戦後になってからコミンテルンのエージェントであることを暴かれ、議会で糾弾された直後、心臓発作で死んでいます。

ところで、東条さんの供述書を丁寧に読んでみて面白かったのは、たとえばサイゴン進駐について、われわれは石油を取るためであったと解釈しがちですが、東条さんは軍人だけあって別の見方をしているようなところです。

《特に対日包囲陣構成上、仏印は重要な地域であるから何時《いつ》米英側から同地域進駐が行われないとは言えないのであって日本としては之《これ》に対し自衛上の措置を講ずる必要を感じたのであります》

イギリスやアメリカ、オランダの軍人たちの動きを見て、日本が出て行かなければサイゴンが占領されてしまう。そんな軍事的危機があったというわけです。私は東条さんの指摘を読んで初めてそれを知りました。その後出てきた資料によっても、英米側にはその計画があったようです。

このように、東条さんの宣誓供述書には日本の主張だけでなく、当時の日本の中枢にいた軍人政治家でなければ知りえないような見方があちこちに散見されます。その意味でも大変興味深い文書であるといえます。

第四章

早急に「核論議」をはじめよ

六か国協議で北朝鮮の脅威はかえって高まった

二月十三日、六か国協議で共同文書が採択されましたが、まったくのザル文書でした。あちこちに洩《も》れがあって、あれでは金正日の思う壺です。

アメリカのボルトン前国連大使も、「とても悪い合意だ。一九九四年の『米朝枠組み合意』の繰り返しに過ぎない」と述べて、「アメリカは受け入れを拒否すべきだ」と批判していました。まさに彼の言うとおりです。これでは「大量破壊兵器拡散をもくろむ世界中の人々に対し、長く持ちこたえて国務省の交渉担当者を疲れさせれば、報酬を手にすることができるという誤ったシグナルを与えるだけ」である（発言の要約は読売新聞による）。

じっさい、核施設の活動停止は寧辺《ヨンビョン》のプルトニウム型核開発だけに限られていて、共同文書はもうひとつの高濃縮ウラン型開発にはいっさい言及していません。日本もふくめて五か国はこれまで北朝鮮に「ＣＶＩＤ」（完全かつ検証可能で不可逆的な核廃棄）を強く求めてきたわけですが、そんなものはどこかへ吹っ飛んでしまった。それにもかかわらず、寧辺の核施設を停止・封印する見返りとして重油五万トン相当の緊急エネルギー支援を行い、さらにはアメリカとのあいだで金融制裁の解除に向けた二国間協議もはじめるというのですから、その弱腰には開いた口がふさがりません。核の脅威が去るどころか、北朝鮮の核保有の黙認にもつながりかねないダラ幹交渉でした。いったいどうしてこんなテイタラクになってしまったのか。いくつかの理由が考えられます。

第一は、中国には本気で北朝鮮の核を廃棄させるつもりがなかったことです。

北朝鮮の核廃棄など、中国が本腰を入れればすぐにでも決着のつく話です。中国が食糧、石油などを全部止めるといって脅せば金正日はたちまちギブアップする。すぐ効き目が出るはずです。それなのにこんな共同文書を採択したというのは、中国には本気でやる気はないという明白な証拠です。

第二に、アメリカは北朝鮮に対して金融制裁をつづけてきましたが、〇七年に入って制裁が揺らいできたのはなぜかといえば、北朝鮮に対して「ドル」を締めたら中国の「元《げん》」に切り替わってしまったからです。北朝鮮がますます中国経済圏に入ってしまった。それなら、やはりドルを使わせたほうがいいではないかということになったのです。

第三は、北朝鮮が核ミサイルをもったところでアメリカ以下の各国は少しも怖くないという現実があります。アメリカだってロシアだって核はそれこそ捨てるほどあるわけだから、まったく恐れることはない。

ここで各国が保有している核弾頭の数を記しておけば、次のとおりです。

アメリカ＝一万発。

ロシア＝一万六千発。

イギリス、フランス、中国＝二〜三百発。

インド、パキスタン＝五十発内外。

中国も核を二、三百発もっている。そのうえ、いわば北朝鮮の宗主国ですから少しも怖くない。


韓国も、北朝鮮は同じ民族だから自分たちに使うはずがないと思っている。しかも北朝鮮は韓国との統一を狙っているわけだから、その領土を放射能で汚染するはずがないと楽観している（さらにいえば、もし北朝鮮が崩壊して南北統一がなれば、韓国は居ながらにして核保有国の仲間入りすることができる）。

そうすると、北朝鮮の核によって脅威を覚えるのは日本だけです。また金正日が狙っているのも日本だけでしょう。

したがって六か国協議など、日本にとってはほとんど意味がないというべきなのです。日本は北朝鮮と独自に対峙《たいじ》していかなければならない。もちろん、かたちのうえでは今後も六か国協議はつづくでしょうが、実際上はほかの四か国は関係ないのです。日本は、日本vs北朝鮮というかたちで「ならず者国家」と向き合い、ふんどしを締めて対策を立てていかなければなりません。

そのとき最終的に重要なのは――もしも北朝鮮が核を捨てないならば、また拉致問題を解決する気がないならば、日本としては「核武装する選択肢も考えに入れる」と明言することです。議論はそこからはじめるべきです。

一日も早く「核論議」をはじめよ

日本がいますぐ「核武装する」と言うと、抵抗は大きすぎる。世界各国から批判を浴びることになるでしょう。しかし、核の議論ははじめなければいけない。その時期にきていることは確実です。

核の議論を早くはじめて、日本が核を開発した場合それをどこでどう使うのか、そうした問題をアメリカときっちり協議しておくこと。一日も早くその相談をしておかなければなりません。

〇六年、「北朝鮮はまともな国ではない」と発言した中川昭一さん（自民党政調会長）は、再三にわたって核論議に関してアドバルーンを上げています。

《核兵器を持たず・造らず・持ち込ませずという非核三原則は国民との重い約束だが、最近の北朝鮮の核実験を見ていると、この約束を見直すべきかどうか、議論を尽くすべきである》（十月十五日の発言）

と、核の議論の必要性を訴えています。

麻生太郎さんも同年、「隣りの国が核をもつようになったとき、ひとつの考え方として、いろいろ議論しておくことは大事だ」と発言しております。

いずれも日本の政治家として至極当然の考え方であり、真っ当な発言です。ところが中川さんや麻生さんが「核の議論を」というと、それに病的に反発する人々がいる。そうした連中は、コリア系あるいはチャイナ系の「マネー・トラップ」ないし「ハニー・トラップ」にかかっている可能性があると、私は疑りたいと思います。

そういえば、最近売れ行きの伸びている月刊誌「ＷｉＬＬ」の〇六年五月号には元産経新聞記者・花岡信昭氏の興味深い記事が載っていました。社会党（現・社民党）の土井たか子元委員長は在日朝鮮人だと、書いていたのです。帰化する前の名は「李高順」であった、ともありました。

私はジャーナリストではないので土井女史の出自を調べる手段も、また調査するつもりもありません。したがって花岡氏の記事の真偽のほどは不明ですが、かつて北朝鮮による拉致問題が取り上げられたとき、彼女が「拉致などということは絶対にありえない」と頑《かたく》なに否定するのを見て、「これでも日本人なのか！」と憤《いきどお》りを覚えたことを思い出しました。

いや、土井女史だけではありません。北朝鮮が核実験を行ったいまも日本国内にはまだまだ核論議に拒否反応を示す人たちがいます。共産党の議員や、福島瑞穂《ふくしまみずほ》、辻元清美といった社民党の女性議員たち（かつては「土井チルドレン」と呼ばれた）がその代表格です。こういった人たちにはできるだけ早く国会の場からお引取り願いたいというのが私の偽らざる気持ちです。国会というのはいうまでもなく日本国の国益を論じる場ですから、そこに「反日」的な人間は不要です。

北の核が既成事実と化す恐れ

核の「議論」まで許さないのは、とりもなおさず、日本の取りうる可能性を潰すということです。自分で自分の手足を縛るようなものだ。みずからの手を縛り足を縛って、それから喧嘩をしようというのは自殺行為です。日本ならずとも、国というものはできるだけ自分を縛るような宣言はすべきではありません。

「非核三原則」などということを言い出したのは佐藤栄作首相です（昭和四十二年）が、あれはまったく余計な宣言でした。同じ佐藤首相の「武器輸出規制三原則」も余計な話。なぜなら、非核三原則も武器輸出規制三原則も自分の胸のうちにしまっておけばいいことだからです。わざわざ宣言などしなくても、それを守りたければきちんと守ればいいのです。そうすれば、ほかの国が妙な動きをした場合、「それなら、わが国もやりますよ」ということができます。そういって脅すくらいのカードは握っていなければならない。それが外交というものです（もっとも、佐藤首相は沖縄返還を実現させるための方便として「非核三原則」を持ち出したという説もある。『キッシンジャー秘録』第二巻、小学館）。

自分のほうからわざわざ、「われわれは核兵器を持たないし造らないし持ち込ませない。何もしません」といってしまったら交渉の場で切るカードが何もなくなってしまいます。利用できるカードが手元に一枚もなくなってしまう。いくら外交史を繙《ひもと》いてもこんな馬鹿げた例は絶対に出てきません。そんなアホなことをしているのが日本という国であり、そんな愚かな禁制を守らせようとしているのがチャイナ系ないしコリア系の息のかかった日本の政治家たちなのです。

核論議にもそれと同じような縛りがあります。それに対しては、中川昭一さんのように「非核三原則は国民との重い約束だ。しかし北朝鮮の核実験を見ていると、この約束を見直すべきかどうか、議論を尽くすべきである」といえばいいのです。そうすれば、いざとなったとき、「そんなムチャをするなら日本も核開発をはじめるぞ」と言い返すことができます。後述するようにわが国には高い技術がありますから、核開発など、やろうと思えば明日にでもできる。相手国もそれを知っていますから、これは効き目があります。

ただし、日本が勝手に「核開発をする」といったらアメリカも怖がります。なんとなればアメリカは日本に対して核を使ったことがあるからです。罪悪感が残っている。東京裁判でも、アメリカ人のブレイクニー弁護人が「日本には報復権がある」といっているほどです。

《**弁護人**　陸戦の法規慣例に関するヘーグ條約（ハーグ条約・渡部注）第四は、明らかにこのような武器（原子爆弾・渡部注）の使用を禁止している。

裁判長（ウェッブ・渡部注）　仮に原爆投下が戦争犯罪であるとして、それが本訴追にどのような関係があるのか。

弁護人　幾つかの返答が出来るが、その一つは報復の権利である》（冨士信夫『私の見た東京裁判』上）

したがって、アメリカも日本の核開発はいまだに不気味に感じるはずです。嫌がるかもしれない。だからこそ日本が核開発を行うときは日米の連携を密にしておかなければなりません。少なくともいまはその前段階として、日米間で合議して「日本も核開発の可能性は捨てませんよ」といえるぐらいのところまで話を詰めておく必要があると思います。

ところが、それを言わせないようにしている政治家がいる。核開発の議論をすることはなにも戦争をすることではないのですから、それまでストップさせようというのは、これはもはや日本の政治家とはいえません。

私がそう言うと、チャイナ系ないしコリア系の政治家やジャーナリストは、「そういう議論が戦争につながる」と反論してきます。いったい彼らは正気なのでしょうか。彼らの好きな北朝鮮は、議論ではなく実際に核兵器をつくっているのです。議論は戦争につながって、核兵器をつくることは戦争につながらないとでも強弁するつもりなのでしょうか。そういうのを屁理屈といいます。屁理屈は断固排除しなければなりません。そんなことをいっているうちに北朝鮮の核保有が「既成事実」となってしまう恐れがあるからです。

既成事実などというのは意外に簡単にできてしまうものなのです。

たとえば一九九八年にインドおよびパキスタンが核実験をしたとき、アメリカはどうしたか。両国を強硬に非難し、経済制裁に踏み切りました。ところが二〇〇一年、「9・11テロ」が勃発してパキスタンが対米協力の姿勢を見せるとパキスタンへの制裁を解除、併《あわ》せてインドに対する制裁も解きました。そして〇六年三月、インドを訪れたブッシュ大統領は、「世界で最大の民主主義国ウンヌン」とお世辞をいっている。シン首相と手を握り、核の技術上の援助まで申し入れています。インドの核もパキスタンの核も既成事実となってしまいました。

いまイランも断固核開発をやるつもりでいます。核拡散の流れがこのままつづけば、今回のなんともだらしない共同文書を受けて、北朝鮮の核も既成事実化しかねません。その可能性は大いにあります。

核をもたない日本のような国はどうなるか。国際場裡において「ノー・カード」状態になってしまう。いくら世界第二位の国連分担金を払っていても、その発言権など低下する一方です。ヨーロッパでいちばん経済力が強いのはドイツです。しかし外交の場で発言力が強いのはやはりイギリス、フランスです。圧倒的に強い。それは英仏両国が核を保有しているからです。ただしドイツの場合は、ＮＡＴＯという集団安保に加盟しているから多少はいいわけですが、日本の場合はそれさえない。かろうじてアメリカの核の傘の下に入っているだけです。しかしそのアメリカだって当てにならないことは、今回の北朝鮮問題で経済制裁を解き、エネルギー支援を決めたことからもわかるでしょう。

核を保有しない日本は世界からいつ見捨てられるか、つねにその恐怖に怯え続けなければいけないのです。

「品格ある国」とは何か

世の平和主義者はことあるごとに「核は戦争の脅威である」といいます。しかし私は、核は戦争の引金にはならないと見ています。

NATOを例に取ってみましょう。

第一章で述べたように、NATO（北大西洋条約機構）はソ連とアメリカが冷戦状態にあったときにつくられたものです。ソ連の核の脅威に対して、ヨーロッパの西側諸国が、強力な核をもったアメリカと軍事条約を結び集団的自衛権を確立しなければ平和が成り立たないという観点からスタートしました。じっさいソ連はその後、ヨーロッパに向けてSS20という中距離核ミサイルを配備しました。これはボンでもロンドンでもただちに焼き払うことができた。そのときイギリスのサッチャー首相は何といったか。「SS20に対抗するためアメリカの中距離ミサイル、パーシングⅡを配備すべきである」と主張しました。すると英国議会は、「そんなことをしたら核戦争になる恐れがある」といって反対した。それに対してサッチャーさんはこう答弁していいます。「核があるからといって核戦争になるとはかぎらない。げんに核の無い日本は核でやられたではないか」と。

ドイツのシュミット首相はどちらかといえばリベラル左翼でしたが、彼も熟考の末、パーシングⅡの設置に賛成しています。

これによって、ソ連のＳＳ20は無力化されることになりました。パーシングⅡの配備によって、ソ連も逆に攻撃される危険性が出てきた。そうなると両陣営とも真剣にならざるをえません。「核ミサイルを無くそう」という交渉のテーブルに就き、お互いに査察を行い、ヨーロッパ正面のＳＳ20は撤去されることになりました。

では、撤去されたＳＳ20はどうなったか。ご承知のように、極東に配備されることになったのです。

その後、シュミット首相が来日しました。そして時の福田赳夫《ふくだたけお》首相に、「ＳＳ20が極東に配備されたようですが、どう思われますか」と聞いたところ、福田首相は「ＳＳ20とは何ですか」といったという。このエピソードを紹介しながら朝日新聞は、「平和日本の首相はＳＳ20のことなど知らなくてもいいのだ」という主旨の記事を書いていましたが、これが日本の状況なのです。まったく呆れ返るような平和ボケです。

「パーシングⅡを配備する」と言うことによって西ヨーロッパでは核戦争の危機が遠のきました。その代わり、何の防備もない極東での危険はグンと高まった。この一事からもわかるように、核をもつというのはお互いに戦争の危険性を遠のかせることなのです。核があるから双方とも自制する。それが戦争の抑止力にもなる。冷戦が熱い戦争にならなかったのが核の抑止力のおかげであることは一点の疑いもありません。

日本もほんとうに平和を望むのであれば、ハリネズミのように核を保有すべきです。国土が狭いことなど心配する必要はありません。原子力潜水艦に核ミサイルを搭載して太平洋に浮かべておけばいい。それだけで抑止力になる。中国も恐れるに足りない国になること請け合いです。

その意味でも私は、いまや本気で核の議論をする時期にきていると考えております。一流の国、二流の国、という区分は核をもっているか否かで決まります。現実はそうなっているのです。

〇六年に大ベストセラーになった藤原正彦さんの『国家の品格』（新潮新書）はとてもいい本で、私はその主張を支持しておりますが、彼の提唱する国家像のなかにはたったひとつ欠けているものがある。それは、防衛力なくして国家の品格が保てるかという議論です。藤原さんにはそこを付け加えて欲しかった。

ひと言でいえば、モナコという国に品格があるか――という問題です。スイスには品格がある。スイスはハリネズミのように自衛しているからです。だからあのヒットラーも手を出さなかった。核時代に入ってからは、核シェルターがいちばん発達している国として知られています。だからこそ、スイスはつねに国際会議の中心地になっている。世界中の知識人が集まることで有名なダボス会議も開かれている。ところがモナコは軍事をフランスに肩代わりしてもらっている。カジノこそ有名だけれども、だれもモナコを「品格ある国」とは呼びません。

日本の首脳および日本人には、このあたりのことをたっぷり考えて欲しいものです。

世界のエネルギーをリードするのは日本だ

ただし私は、日本に希望を失ってはいません。これからは世界のエネルギーを日本が牽引《けんいん》することになると信じているからです。

ソ連崩壊（一九九一年）でシュンとしていたロシアがいま大きな顔をしているのはなぜかといえば、石油が出ている、天然ガスが出ている、要するにエネルギー資源をもっているからです。エネルギーをもった国は強い。

では、そのエネルギーは将来どうなるでしょうか。いちばん注目すべきはやはり原子力です。エネルギーというのは究極的には電気・熱にして使います。天然ガスでも石油でも原子力でも、それを電気や熱にして使う。ガソリンで車を動かすこともありますが、いまやハイブリッド（ガソリン・エンジン＋電気モーター）やバイオマス・エタノール（サトウキビやトウモロコシから得る燃料）など、代用が利きます。電気に比べたらさほどの量は必要ありません。エネルギー問題の主要テーマは電気と熱なのです。そして、これを大量に供給できるのはやはり原子力発電です。

戦後、私の郷里（山形県鶴岡市）の近くに「八久和《やくわ》ダム」という大きなダムができました。そのとき地元の人たちは、「発電量が七万キロ・ワットもあるそうだ」といっていたのを覚えています。現代であれば七万キロ・ワットなど、まったくたいしたことはありません。じっさいその後、石油発電所ができて、これは五十万キロ・ワットといわれました。ところが原子力発電所は百万キロ・ワットです。ケタ違いです。それを知ったとき、八久和ダムのことを覚えていた私は、原子力とはなんと凄いものかと思い知りました。

ところが周知のように日本というのは原子力アレルギーが強い国です。「原子力」というと、すぐマスコミが叩く。そんなことがつづいておりましたが、それでも電力会社の人たちはコツコツと原子力発電の技術を磨いてきました。そうした人たちのおかげで、いまや日本の電力の三分の一は原子力になっています。しかも原子力発電は「プルサーマル」に移行しようとしている。これも心強い話です。

プルサーマルというのは和製英語で、通常使われるウラン燃料にプルトニウムを加えた混合燃料（ＭＯＸ）を熱中性子炉（軽水炉）で燃焼させる技術を指します。プ、ル、トニウムとサ、ー、マルリアクター（熱中性子炉）を合成して、こういう名称ができました。そしてこのプルサーマルの技術では日本が断然優位に立っているのです。

アメリカはスリーマイルの原発事故（一九七九年）以降、新しい原発設備をつくっていません。ヨーロッパも、ソ連（当時）のチェルノブイリの原発事故（一九八六年）で震え上がってしまい、ドイツなどは二〇〇二年に「原子力エネルギー利用を廃止する」ことを決めた改正原子力法を施行しています。ところが先ほど述べたように、〇七年ロシアがヨーロッパ向けのガスのパイプラインを閉めるという資本主義国のレベルに達しないような暴挙に出たものだから、ドイツの国会も「原発廃止」を決めた法律の廃止に動き出しています。「他国に依存しない原発のよさを見直すべきだ」という意見が高まってきました。

しかし、アメリカはここ数十年間、新しい原発をつくっていない。ドイツも原子力エネルギーの利用廃止を決めたくらいですから、技術は進んでいない。

そこでふと気がついたら、世界で最新式の原子力発電所をつくれる技術をもっている会社は三つしかない。全部、日本の会社です。すなわち日立製作所、東芝、三菱重工業。あとは日本の三社と提携している会社だけ。

・日立＋ゼネラル・エレクトリック（米）……戦略的提携
・東芝＋ウェスチングハウス（米）……東芝が買収

・三菱重工＋アレバ（仏）……技術提携

この三つの連合だけです。言い換えれば、全部日本が押さえている。いまアメリカは原発を三十基ぐらいつくりたいといっておりますけれども、そうするにはどうしたって日本の手を借りなければならない。ドイツが「ふたたび原発を」といっても頼みにできるのは日本です。これからは日本の三社が中心になって世界中の原発をつくることになるはずです。

したがって私は、今後は日本を中心にしてふたたび「重厚長大の時代」が復活すると見ています。

中国の原発にしても日本の技術を借りなければならない。また、パイプラインだ何だといっても、その技術をもっているのは新日鉄と住友金属にかぎられる。

われわれは、日本の重厚長大産業が世界の将来のエネルギーのキーを握っていることを自覚して、核アレルギーを振り払い、速やかにプルサーマルを稼動させ、さらには一歩踏み込んで高速増殖炉の開発に進むべきです。

私はかつて、筑波大学をおつくりになって、みずからは副学長から学長になられた福田信之先生からお話をうかがったことがあります。そのとき先生ははっきりと、「高速増殖炉ができれば日本のエネルギー問題は百年単位、千年単位で解決する」といっておられました。それだけの見通しはあるのです。

日本が明治維新で国を開いてから、ずっと困ってきたのは天然資源がないことでした。たしかに、維新以前の日本は大きな工場がなかったから自給自足でやってこられました。しかし、近代社会に入り近代工業の時代になると、石炭が必要になり、その後は石油が必要になった。それが無いために日本はずいぶん苦しんできました。石油を止められて日米開戦にも踏み込まざるをえなかった。

それが原子力の時代に入って、ようやくいま日本は世界のトップを切ってエネルギー問題の解決に向かっているわけです。

もう、日本は資源小国だといって恐れることはない。福田先生の言《げん》を信じて核融合に向かうべきだと思います。そこに国民的な関心を向け、政府も思い切った政策を推し進める。そうなれば、それは日本にとって半永久的な安全保障にもなります。

世界のエネルギー問題のポイントさえ押さえておけば、なにもジタバタする必要はありません。前途は洋々、といってもいいくらいです（二〇一一年の東日本大震災による福島第一原発事故後もこうした考えに変わりがないことは『原発は、明るい未来の道筋をつくる』〔ＷＡＣ〕参照――編集部注）。

第五章

「敗戦利得者史観」を排せ

まず現行憲法に「無効」を宣言せよ

安倍内閣は「憲法改正」を打ち出しました。安倍さんは「五年以内に」と発言していましたが、日本が集団的自衛権を確立するためにも、また核武装を考えるうえでも、憲法改正は必要です。私は、改正へ向け果敢に進んで欲しいと思っております。

ただし憲法改正には、忘れてはならないポイントがあります。

それは、現行の憲法を改正するのではなく、あくまでも「明治憲法」を改正するのだということです。

安倍さんも、「明治憲法を改正するのだ」と声明しなければいけません。そのためには現行憲法に本質的無効宣言をする。そして現行憲法のいいところは取り入れながら、明治憲法を改正する。そうでなければ筋が通りません。

そう宣言したからといって、明日から法律がなくなるわけではなく、日本が主権を奪われていた時代につくられた法律はすべて占領軍の命令、指示、認可によるものであるから、独立した日本はこれらの法律をすべて変えるか、承認し直す必要があるということです。そして、改正すべきものは改正し、残すべきものは残すのです。

これについてはいくつかの理屈があります。

第一は、現行憲法がつくられた時期、日本は占領下にあって「主権」がなかったことです。主権がないとき、どうして主権の発動たる憲法を制定することができるのか。

第二次大戦でナチスの占領を経験し、ヴィシー政府というナチスの傀儡《かいらい》政権を経験したフランスの一九四六年憲法には、「国土の一部ないし全部が外国の軍隊に占領されているときの憲法改正は無効である」という規定がありました。これはまことに真っ当な発想ですから、現行の一九五八年憲法にも次のようなかたちで引き継がれています。

《領土が侵されている場合、改正手続に着手しまたはこれを追求することはできない。共和政体はこれを改正の対象とすることはできない》（第八九条）

戦時国際法である「ハーグ陸戦規則」（一九一〇年発効）第四三条にも次のような規定があります。

《国ノ権力カ事実上占領者ノ手ニ移リタル上ハ、占領者ハ、絶対的ノ支障ナキ限《かぎり》、占領地ノ現行法律ヲ尊重シテ、成ルヘク公共ノ秩序及《および》生活ヲ回復確保スル為《ため》施シ得ヘキ一切ノ手

段ヲ尽スヘシ》（傍点渡部）

占領地の法律を尊重せよという、当然の規定です。ましてその国の基本となるべき憲法を変えてしまうなど暴挙以外の何ものでもありません。それにもかかわらず占領軍は現行憲法を押しつけてきた。これが無効であることは、フランス憲法やハーグ陸戦規則に即しても明らかです。

ところが、そう考えない人々がいる。たとえば現行憲法が公布された当時（昭和二十一年）、東大法学部教授であった宮沢俊義氏。この人は「八月革命説」という珍説を唱えました。「八月革命説」というのは簡単にいえば——昭和二十年八月のポツダム宣言受諾によって日本国の主権は革命的に天皇から国民に移り、新憲法は新たに主権者となった国民が制定したものであるからGHQの強制とはいえない、という学説です。宮沢氏は東大法学部を牛耳《ぎゅうじ》ってきた人ですから、各大学の法学部や法曹界には彼の弟子が大勢いる。そのため、いまでも八月革命説の流れが幅を利かせているのです。

しかしそんな馬鹿な話はない。どう考えても主権のないときに押しつけられた憲法は無効に決まっています。ポツダム宣言を受諾したことによって日本の主権は革命的に国民に移行したのだというのは、公職追放令の恐怖に怯《おび》えていた宮沢氏の、苦しまぎれの屁理屈にすぎません。

ところで、明治憲法には「占領下での憲法改正は無効である」という規定がありません。それは日本が他国によって占領されることなどまったく予想しないままつくられたものだからです。当然、そんなことは書かなくてもわかっていました。したがって私は、占領下で公布・施行された現行憲法に無効を宣言し、その前の明治憲法を改正せよと主張しているのです。

日本に主権がなかったことのいちばんわかりやすい例は、東京裁判によって東条被告以下の死刑が執行されたということです。死刑のような司法行為が、日本の領土内で日本人に対して、、、、、日本の法律に拠らずになされたということ。これは憲法の上に憲法以上の権力があったということです。逆にいえば、日本には主権など無かったということです。そんなときに占領軍から押しつけられた憲法を認めるわけにはいきません。

それにもかかわらず、宮沢氏の「八月革命説」を後生大事に抱え込んで、「現行憲法は有効だ」といっている憲法学者を私は軽蔑します。

では、聞きたい。主権がなかった時期に発布された憲法を有効と認めるというなら、日本は外国人がつくった憲法でも「憲法」として認めるのか、と。もし今後、日本が中国に占領された場合、中国が押しつけてくる憲法も有効だというのか。そんなアホな話があるはずがありません。

現行憲法は憲法ではない

前文《ぜんぶん》ひとつ読んだだけでも、この憲法が無効であることは明らかです。

《日本国民は、恒久の平和を念願し、人間相互の関係を支配する崇高な理想を深く自覚するのであつて、平和を愛する諸国民の公正と信義に信頼して、われらの安全と生存を保持しようと決意した》（傍点渡部）

「安全」を他国に委ねることはありうると思います。モナコだとかルクセンブルグといった小さい国は大きな隣国に安全を預けることがあります。げんにモナコはフランスに依存していま す。しかし「生存」まで預けるといったら、これは他国の奴隷になるということです。そんな一文が前文に入っているということは、憲法みずから「これは憲法ではありません」と告白しているようなものです。

また、この憲法には天皇陛下の「上諭《じょうゆ》」という法令公布文が付いていて、そこにはこうあります。

《朕《ちん》は、日本国民の総意に基いて、新日本建設の礎《いしずえ》が、定まるに至つたことを、深くよろこび、枢密顧問《すうみつこもん》の諮詢《しじゅん》及び帝国憲法第七十三条による帝国議会の議決を経た帝国憲法の改正を裁可し、ここにこれを公布せしめる》

天皇は「憲法が定まったことを喜ぶ」と書いてあります。

しかし、この一文は真っ赤なウソです。占領下にあった当時、日本人の自由な意見表明は禁じられていました。GHQの悪口を言ってはいけない、戦争賛美は許されない等々の規制がありました。日本人が自由にモノを言ってはならないとされていた。そのためにGHQも目を光らせていたし、巧妙に仕組まれた検閲態勢も整えていた。ということは、「憲法が定まったことを喜ぶ」という昭和天皇のお言葉も、そう言わされたものだと解釈しなければいけない。昭和天皇は真っ赤なウソをつかされていたというべきです。

第一、日本人が自由な意見の表明を禁じられていたとき、どうしたら《日本国民の総意》を知ることができるというのか。《日本国民の総意に基いて、新日本建設の礎が、定まるに至つた》というあの上諭は、GHQの脅迫のもとで書かれた文章としか受け取れません。

戦後ナホトカに抑留され、ソ連に脅されていた日本の捕虜たちの証言が一文《いちもん》の価値もなかったのと同じく、占領下において天皇陛下が何を言わされたとしても、そのお言葉は無効だというべきです。

明治憲法を改正するのがスジである

だからわれわれは現行憲法に無効を宣言したうえで、明治憲法を抜本的に改正すべきなのです。現行憲法が無効だとすれば、有効な憲法はその前の明治憲法しかないからです。

ただし、現行憲法にもいい部分があるならそれを採用することはかまわない。そして明治憲法にも改めなければいけない部分があればそれを改める。

たとえば、明治憲法には「首相」の規定がありません。もう二十年以上前のことになりますが、明治憲法を調べていて、そこに首相の規定がないことに気づいたときは私もびっくりしました。そこで『日本史から見た日本人』（現在は祥伝社黄金文庫）を書いたときこう記しました。

《そもそも、明治憲法には、首相とか総理大臣とか内閣という言葉が一度も出てこない。この点、明治憲法は今の目から見るとおかしいのである。（中略）

天皇は国の元首で、統治権を持っていると第四条に規定されているので、その統治を補佐する国務大臣がおればよい、という発想であったのだろう》

もちろん首相はいました。しかし、その規定が無かった。そのため法律上では首相もほかの大臣も差異がない。伊藤博文や山県有朋《やまがたありとも》といった元勲《げんくん》がいたときはそれでも間に合っていましたが、昭和に入ると、問題が生じるようになった。首相の権限が規定されていないから、ひとりの閣僚がゴネると閣内不一致で内閣がすぐ潰れるようになってしまったのです。ということは、どんな大臣でもひとり頑張れば内閣を総辞職に追い込むことができた。時の政府が気に入らないといって陸相ないし海相がヘソを曲げたら内閣はもたない。軍部はそこを突いてきたから、政府は軍部を抑えられなくなってしまったのです。そんな困った事態が起ったわけです。

そうした前例がありますから明治憲法を改正するときは「首相」の規定を入れなくてはいけません。

また明治憲法には、男女ともに選挙権を与える規定がありませんから、これも入れる必要がある。

もっとも、明治憲法に普通選挙法の規定がないからといって日本が遅れていたわけではありません。かつてはどの国でも選挙権は納税額に基づくのが主流でした。ある程度以上の税金を払った人にしか投票権は与えられなかった時代があったのです。ところがイギリスをはじめとして、どんどん納税額のハードルを下げる競争がはじまり、ついには二十世紀に入って税金を払わなくても「成年男子ならば全員に」ということになりました。成年男子は戦争に行くからです。ところが第一次大戦に突入するころになると軍需工場なども機械化され、戦場にこそ行かないけれども軍需産業で働く女性が出るようになった。男と同じように国に尽くすようになったので「女性にも参政権を」という流れになったのです。

ただしそれは志願兵の国であって、徴兵制が敷かれている国では兵隊へ行くのは男子だけですから女性に対する参政権の付与は遅れました。スイスなど、日本よりずっと遅れて、女性が選挙権を獲得したのは一九七一年です。日本の場合は昭和二十年すなわち一九四五年ですから、スイスはざっと四半世紀遅れたことになります。

日本も戦前は徴兵制がありましたから、大正十四年（一九二五年）に普通選挙法が実現しましたが、女性の参政権はありませんでした。戦場へ行く義務のある男とそうでない女のあいだには格差があったのです。それが当時の常識でもありました。しかし、戦前でも次第に男女同権のほうに向かっていたのはたしかであって、新憲法ができる前すでに、戦後初の東久邇宮《ひがしくにのみや》内閣が婦人参政権を決めていました。アメリカにいわれなくても婦人参政権へ行く流れはあったのです。

婦人参政権や首相の規定は、改正すべき点のほんの一部ですが、そういうふうにして明治憲法を改正する。改めるべきものはどんどん改めればいい。

幸い、明治憲法の改正は現行憲法より簡単です。天皇陛下が「よし」とおっしゃり、議員総数の三分の二の出席の下、三分の二の賛成があればいい（第七三条）わけですから、全議員の九分の四の賛成で改正できます。

いまの憲法は、改正するためには議員総数の三分の二（すなわち九分の六）以上の賛成が必要で、しかも国民投票を行い、《過半数の賛成を必要とする》（第九六条）。そのため最近は「国民投票法案」がどうだこうだと騒いでおりますけれども、私が言うように明治憲法を改正するのであればそんな煩瑣《はんさ》な議論はまったく要りません。

だいたい現行憲法の出自を考えれば、現在行われているような議論がいかに馬鹿げたものであるか、すぐわかります。あれはＧＨＱ民政局の「左翼」ケーディス大佐の命令で素案がつくられ、それを一週間足らずのあいだにまとめ上げたものにすぎません。おまけに、「これを通さないと公職追放にするぞ」と、日本の議員たちを脅し上げてムリヤリ国会を通したものであることは隠れもない事実です。占領軍が一週間足らずでつくったものの改正手続きのために、数年間国を挙げて議論をする。こんな馬鹿な国は見たことも聞いたこともありません。

戦後の憲法学者は信用できない

私には戦後の憲法学者を軽蔑する個人的かつ十分な理由があります。それは田中角栄元首相のロッキード裁判（一九七七年〜一九九三年）のときの経験が基になっています。

あのとき角栄氏がロッキード社のコーチャン副会長などから賄賂をもらったか否か、それは私の知るところではありません。問題は、角栄氏が「賄賂《わいろ》を贈ったという人間に反対尋問をしたい」と要求したとき日本の裁判所がそれを拒否したことにあります。これはおかしい。被告の反対尋問権は現行憲法によっても保証されているからです（第三七条に、《刑事被告人は、すべての証人に対して審問する機会を充分に与へられ……》と記されている）。それを認めないのは裁判ではありません。

私は法学部の出身ではないから反対尋問の知識もそれについての意識ももっておりませんでした。しかし、かつて東京裁判における南京事件に興味をもったことがあるので反対尋問の重要性については感じるところがありました。というのも、東京裁判の法廷で二日間にわたって「南京虐殺はあった」と証言していたマギー神父が、反対尋問を受けると突然トーン・ダウンしたのを記憶していたからです。

マギー神父はイエール大学出身の立派な牧師で、南京の安全地区のリーダーでしたから、それなりの人物ですが、それでも「証言」と「反対尋問に対する答え」には落差がありました。もし反対尋問が行われなかったら「証言」は何のチェックも受けずにそのまま通用してしまったはずです。

《反対尋問には、（中略）ブルックス弁護人が立ったが、（中略）マギー証人に対して、証人自身が不法行為、または殺人行為の現行犯をどれくらい目撃したか、を質問したのに対して、マギー証人は、「私は自分の証言の中ではっきり申してあると思いますが、ただわずか一人の事件だけは、自分で目撃致しました」と答えた。

この証言は、極めて貴重な証言である。すなわち、直接尋問に答えての二日間に及ぶマギー証人が証言した日本軍の数多くの不法行為というものは、ほとんど他の人から聞いた伝聞証言であって証拠価値の少ないものである事実が明らかになったのである》（冨士信夫『私の見た東京裁判』上）

しかも、彼が目撃した一件の事件というのは「どういう状況下で起ったのか」と聞かれたときは、歩哨に「止まれ」といわれ、走って安全地帯に逃げ込もうとした青年が撃たれたと答えています。戦場で歩哨から「止まれ」といわれたのに駆け出したら撃たれても当然です。ニューヨークで警官に「止まれ」といわれて走り出したら、現在だって撃たれます。いわんや戦場においてをや。

そうした思いがあったので私は、反対尋問というのはきわめて重要だと認識するようになりました。だからロッキード裁判のときも反対尋問をさせないのはおかしいと考え、「諸君！」で論陣を張って自分の疑問をぶつけました。また「朝日ジャーナル」誌上では角栄追及の旗手である立花隆氏とやり合った。立花氏は、私の疑問にはついに答えることができず、曖昧《あいまい》なまま逃げ切ってしまいました。当時、私が「諸君！」の編集者から聞いた話では、検事側も「渡部のあの論には困っているんだ」とボヤいていたそうです。

当時、私の勤務していた上智大学でも角栄氏はワル者と見られていましたので、私が角栄氏を弁護していると聞きつけて、親しい友人であるイギリス人のミルワード神父（著名なシェークスピア学者）からこう忠告されました。「あなた、田中さんの弁護をしているようですが、それはよくないですよ」と。そこで私が、「彼はクロス・エグザミネーション（反対尋問）を要求して断わられたからです」と答えると、「アー、そうですか」といって、それ以上はもう何もいいませんでした。ミルワードさんは議会の国の人ですから、いまどきクロス・エグザミネーションが認められないなんておかしいと、すぐに気づいたのだと思います。

もっと重要なエピソードがあります。

その後かなりたってから、現在は慶応大学の憲法学の教授である小林節《こばやしせつ》さんと対談したとき、小林さんが「私は渡部先生を尊敬しております」というのです。なぜそんなことをいわれるのか、キョトンとしていたら、やはりロッキード裁判がきっかけだったそうです。

当時、小林さんはまだ法学部の助手でした。京都あたりで憲法学会があり、終わってから偉い先生たちがバーへ繰り出した。そのとき助手の小林さんも隅のほうで控えていたら、大先生たちの話し声が聞える。「ロッキード裁判、あれは渡部っていう人が言っていることが正しいんだよ」「でも、なにしろ角栄のことだからな、黙っていよう」。それを聞いた小林さんは一学徒として憤慨に堪えなかったといっておられました。

その話を聞いて私は、憲法学界というのはほんとうにどうしようもないところだなと感じました。法理を優先させるのではなく、個人的な感情で物事の是非を判断されたらかなわない。それでは法治国家とはいえないじゃないか。憲法学者というのはそんなものだったのかと、ゾッとしました。

なぜ憲法学者がそんなテイタラクになってしまったのか。諸悪の根源はやはり前述した宮沢俊義教授にあるというべきです。戦後すぐ憲法問題が浮上した当初、宮沢教授以下、東大の憲法学者たちも明治憲法を改正すればいいという意見でした。ところが、「そんなことを言っていると公職追放になるぞ」とささやかれたらしく、突如、先に触れた「八月革命説」が飛び出してきたのです。

繰り返せば——昭和二十年八月、わが国がポツダム宣言を受諾したというのは「無血革命」が起ったのと同じことで、主権は天皇から国民に移った。しかもポツダム宣言受諾により、主権在民の新憲法は国際法上の義務となったのだから、GHQの強制とはいえない。そういう理屈をつけて「八月革命説」を出してきたのです。宮沢俊義教授はこれを「八月革命と国民主権主義」と題して「世界文化」という雑誌に発表しています（昭和二十一年五月号）。

宮沢という人は東大憲法学のボスでしたから、その人がそう言えば下の学者はみなその言いなりになる。そして東大法学部を卒業した人間が官僚になり、ほかの大学の法学部教授にもなるから、宮沢学説は次から次へと再生産されることになります。それはいまも尾を引いていて樋口陽一などという左派憲法学者にまでつながっている。東大法学部が腐れば日本の憲法学界はすべて腐ってしまうという構図になっているのです。

日本政府はこれまで長いあいだ、いろいろな学者を集めて憲法調査をやってきました。そしていま憲法学者の意見に基づいて現行憲法を改正しようとしています。しかし以上のような舞台裏をのぞけば、東大系の憲法学者の意見を聞いてはいけないことがわかるはずです。彼らの意見など聞いていたら、どんなに改正したところで現行憲法の枠を出るわけがない。これからは宮沢憲法学の「権力」外にいた学者の意見を聞くことです。さらには私のような素人の素直な意見も聞く必要がある。それは世の常識（コモン・ノリッジ）に耳を傾けることにつながるからです。

世を席捲する「井伏鱒二現象」

戦後は左翼、リベラル、コミュニストがはびこってきました。いま取り上げた宮沢俊義という人もそのひとりです。朝日新聞や岩波書店もまた然り。それらの新聞、雑誌に拠って論陣を張ってきた学者、評論家、ジャーナリストは枚挙に暇《いとま》がありません。そんな彼らの手によって、日本人は、戦場に行ったお祖父さんも人殺し、お父さんも人殺し、オジさんも人殺し……という歴史観を植えつけられてきました。そんなことが延々とつづいたから最近では教育がガタガタになってしまったのです。

なぜそんな洗脳が延々とつづけられてきたのか。

私も、どうしてこんなことが長くつづくのかと不思議に思った時期があります。すると何年か前に、あることに思い当たりました。私はそれを「井伏鱒二《いぶせますじ》現象」と名づけました。

ノンフィクション作家の猪瀬直樹《いのせなおき》氏が『ピカレスク』（小学館）という本のなかで「井伏鱒

二の主要作品は剽窃《ひょうせつ》である」と暴露したのがきっかけです。著名な作家の代表作が盗作だったというのですから大変な発見です。私は、マスコミは上を下への大騒ぎになるだろうと見ていました。ところがテレビは報道しない。新聞の文芸欄もこれに触れず、日本の主要出版社の文芸雑誌も何も書かない。それは、猪瀬氏の発見が勇み足だったからなのか。そこでわが友人であり、明治以後の文献学者としては飛び抜けた存在である谷沢永一《たにざわえいいち》さん（関西大学名誉教授）が猪瀬氏の書いていることをことごとく追跡調査してみました。するとそれはすべて真実でした。

たとえば井伏さんの代表作『黒い雨』。広島の原爆を題材にした作品ですが、これは実際に被害を受けた人のノートを九〇パーセント以上丸写ししたものでした。しかもその人（重松静馬氏）から「ノートを返して欲しい」といわれたとき、井伏さんは「紛失した」と言って返却せず、結局は井伏さんの遺族が百二十万円支払って手を打ったということもわかりました。周知のように『黒い雨』は映画化やテレビ化され、そこからの収入は億単位であったといわれています。

井伏さんの出世作「山椒魚《さんしょううお》」はロシアのシチェドリンという作家の作品を下敷きにしたものでした。『ジョン万次郎漂流記』も、石井研堂という人の『中浜万次郎』を引き写したものだから史実の間違いもそっくり同じだったといいます。さらに「人生足別離」という漢詩を

「『サヨナラ』ダケガ人生ダ」とした有名な訳詩（『厄除け詩集』講談社文芸文庫、所収）なども、すでに江戸時代の漢詩の訳詩集にあったことが判明しました。

要するに井伏さんの作品の多くが先行するものの盗用だったのです。谷沢先生はすべて文献に当たってそうした剽窃の全容を調べ上げ、一本の論文を仕立て上げました。いうまでもなく谷沢先生は、新潮社からは『人間通』（新潮選書）という大ベストセラーを出し、文藝春秋からは大冊の『紙つぶて～自作自注最終版』を出し……といった具合に、ほとんどの大手出版社から著作を出しています。ところが、この注目すべき論文はどの社の雑誌にも載らなかった。みな断わられたのです。結局どうなったかといえば、辛うじて、文学とは縁の薄いＰＨＰ研究所の「Voice」という一般誌に掲載されました。

そのとき初めて私は、戦前の日本を憎み、革命に憧れ、中国や北朝鮮を擁護する、いわゆる「東京裁判史観」がなぜ払拭《ふっしょく》されないのか、その秘密がわかったと思いました。

井伏さんは数多くの賞を受けています。ちょっと数えただけでも、直木賞、読売文学賞、日本芸術院賞、野間文芸賞、文化勲章、東京都名誉都民。ということは、賞を与える側の関係者も大勢いた。その人たちはただ関係しただけではなく、授賞に際しては井伏さんを褒《ほ》めまくっています。その讃辞は活字に残っている。ベタ褒めした人の作品がじつは剽窃、盗作だったと知れたらどうなるでしょう。井伏さんはむろんのこと、褒めた人たちのメンツも立たない。社としても面目丸潰れだ。だから、出版社の編集長や編集幹部でその後役員などになっている人たちは、いくら谷沢さんの論文だからといっても載せるわけにはいかなかったのです。

これが何を意味しているかといえば、剽窃を暴かれては困る井伏さんと利害（利得）の一致した人たちがいまの日本の文芸界を支配しているということです。

「東京裁判史観」という言葉は、私が「諸君！」に書きはじめたころに使い出した言葉で、おそらく私が日本で最初に言い出したのではないかと自惚《うぬぼ》れておりますが、だいぶ手垢がついてきたので最近では「敗戦利得者史観」というようにしています。これは「井伏鱒二現象」と同じ意味です。いまなお戦前の悪口を言い続ける人たちが絶えないのは、彼らが「敗戦」によって得をしたからである。だから、自分たちの利得を守るために戦前の日本を悪《あ》しざまに罵《ののし》っているのです。

戦後日本を蝕んできた「敗戦利得者」たち

「井伏鱒二現象」、延《ひ》いては「敗戦利得者史観」は、東京裁判を機に得をした人たちにそっくり当てはまります。しかもそれは人数においても利得額においても井伏鱒二現象の何百倍、何千倍もの規模になるはずです。

日本の敗戦によって得をしたのはどういう人たちであったかといえば、第一は戦犯追及や公職追放令によって空《あ》きができた席を埋めた人たち、第二は共産主義者や在日外国人など、戦後になってから急に待遇が上がった人たち、第三は農地解放によって土地をもてることになった小作人です。

第二、第三の人たちについては説明するまでもないでしょう。そこで第一群の人たち、つまり空席ができて得をした人の例を挙げます。

代表的なのは戦後の金融界で「一万田《いちまだ》法王」といわれた一万田尚登《ひさと》氏です。終戦時、彼は日本銀行に数いる理事のなかの最若手、理事になりたてホヤホヤの大阪支店長でした。ところがGHQの公職追放令で新木栄吉《あらきえいきち》総裁以下、一万田氏の一枚上の理事まで全員が公職追放を受けたために総裁の座が舞い込んできました。人格、見識を見込まれて抜擢されたわけではなく、上に人がいなくなってしまったために日銀総裁になれた。まさに棚ボタです。ところが総裁になると、大いに威張り、ついには「法王」と呼ばれるまでになってしまったのです。彼の下で「大臣」級になったのは彼より若い人たちでした。つまり、一万田氏以下のこの人たちは公職追放令のおかげで何十年分も出世を得したわけです。

戦後の恩恵をたっぷり享受したこの人たちが、いったい戦前の日本を褒めるでしょうか。褒めるわけがありません。「日本は戦後いい国になった」と言い続けるに決まっています。

そういう傾向は学界、言論界でもきわめて強かった。わかりやすい例を挙げておきましょう。東京帝大経済学部教授だった矢内原忠雄《やないはらただお》氏。この人はシナ事変がはじまった年の昭和十二年、講演で「日本の理想を活かすために一先《ひとま》ず此《こ》の国を葬って下さい」としゃべって帝国大学を追われました。

それから大内兵衛《おおうちひょうえ》氏。やはり東京帝大経済学部教授でしたが、昭和十二年、コミンテルンの呼びかけに応《こた》えて組織された「人民戦線」に連座して帝大を辞めさせられています。

滝川幸辰《たきがわゆきとき》氏。この人は京都帝大法学部教授時代に、「犯罪は国家生活のアンバランスから起る、それなのに国家が刑罰を科するのは矛盾である、犯罪はいわば国家の受ける刑罰である」などと発言したり、無政府主義的な刑法の本を書いたりして、昭和八年に大学を辞めさせられました。

みな、戦前に帝国大学を追われています。それはそうでしょう、帝国大学といえば天皇陛下が建てられた大学という意識があった時代です。そのとき帝大教授がコミンテルンとの関係を疑われたり、国を侮辱するような発言をしたり、ソ連の手先と見られたら、大学にはいられない。もっとも、辞めるだけで罰されることはありませんでした。しかも意見を変えたり本を改訂したりすれば、ほとんど問題はありませんでした。しかし滝川さんは無政府主義的なテキストの改訂を拒んで京都帝大を辞めています。その点では男としてのスジを通したといえます。

そんな人たちが戦後ドッと復活したのです。

矢内原忠雄氏は昭和二十年、東大経済学部に復帰、二十六年には東大総長になっています。大内兵衛氏は戦後すぐに東大に復職、退官後の二十五年には法政大学の総長に就任しています。しかも左派社会党のイデオローグであったにもかかわらず、政府の経済関係の各種委員会の委員長になっている。

滝川幸辰氏は二十一年に京大に復帰、二十八年には京大総長になりました。

戦前「アカ」と疑われて大学を追放された人たちが、戦後はアカデミズムに戻って、しかも大学の世界では位人臣《くらいじんしん》をきわめました。日本が負けたおかげです。日本の敗戦がなければ大学を追われたままでした。彼らが戦前を悪く言い、東京裁判および公職追放を経たあとの戦後を褒めそやすのは当然なのです。

ところで、そういう人たちを復帰させたのは先に触れたＧＨＱ民政局次長のケーディス大佐であり、その右腕ともいうべきＥ・Ｈ・ノーマンでした。

ノーマンという人はカナダ人ですが、当時はＧＨＱのＣＩＤ（対敵諜報部）に所属していました。日本では『忘れられた思想家』（岩波新書）や『日本における近代国家の成立』（岩波文庫）で知られる学者・外交官です。その全集は岩波書店から出ています。しかし彼はれっきとしたカナダ共産党員でしたから、終戦直後すぐ府中刑務所へ出向いて獄中にいたコミュニストを釈放したり、上に挙げた教授連中を復職させたり、日本の「赤化」に奔走しています。

このノーマン氏の関係で見逃せないのは都留重人《つるしげと》氏です。ハーバード大学の学友だった関係でふたりは親しく、都留氏はノーマン氏の引きで一橋大学教授に就任（二十三年）し、四十七年には学長になっています。ところが戦後、アメリカでいわゆる「赤狩り」がはじまったとき都留氏は、米国留学当時コミュニストだったことを告白、これがノーマン氏を追い詰めることになったといわれています。じっさい、ノーマン氏は駐エジプト大使として赴任中の一九五七年（昭和三十二年）、コミンテルンのエージェントであることを暴かれてカイロで自殺をしています。

このように、戦後日本には「敗戦」によって得をした人が大勢いたのです。いまはわかりやすい例を挙げましたが、戦後の言論界で「わが世の春」を謳歌した人の多くは戦前、大学やジャーナリズムを追われた人たちでした。戦前は不愉快な思いをした人たちばかりです。だから戦前を褒めるわけがありません。そんな人たちの史観を山本夏彦氏は「曳《ひ》かれ者史観」と呼びました。「お尋ね者史観」といってもよいでしょう。そうした空気がいまも残っているのが日本なのです。

矢内原氏らは一流大学の主要ポストを占めることになりましたから、彼らと意見がちがう人は大学には残れません。戦後、雨後のタケノコのごとく現われた左翼教授は彼らの弟子でした。

朝日新聞などにもそういう人たちが入社した。そして主要出版社や主要新聞社は彼らを「言論界のチャンピオン」のように扱いました。そこで、ふと気がついたら日本中が進行性のがん細胞のように、左翼思想に冒《おか》されていたというわけです。

彼らはモノを書きますから、戦前の日本をいかに悪しざまに罵ってきたか、それは活字として残っています。だからおいそれとは「転向」できない。いつまでも日本の悪口を言い続ける。そういうかたちで、いわゆる東京裁判史観も再生産されてきたわけです。したがって「東京裁判史観」の根底には、敗戦で得をした連中の「敗戦利得者史観」が横たわっているというのが私の見方です。

コミンテルン工作を無視して近代史は語れない

こうした見方がけっして牽強付会《けんきょうふかい》でないことは、最近になってアメリカで公開された「ＶＥＮＯＮＡ《ベノナ》文書」などからも明らかです。これはアメリカにおけるソ連のスパイ工作の全貌を記した記録で、一九九〇年代になって公開されました（ちなみに「ＶＥＮＯＮＡ文書」については、*Venona : Decording Soviet Espionage in America* などの本が出版されている）。

当時は機密とされたこの文書を読むと、スターリンの指示を受けたコミンテルンのエージェントたちの暗躍がずっとつづいていたことがわかります。その意味からすれば、ひところの日本ではものすごく評判が悪かった「赤狩り」ないし「マッカーシー旋風」は自由社会を守るために大きな役割を果たしたというべきです。げんに、アメリカではいまコミンテルンのエージェント追放をリードしたジョセフ・マッカーシー上院議員の再評価がはじまっています。マッカーシー上院議員の「赤狩り」には根拠があったからです。

たとえばローゼンバーグ夫妻の事件。これは戦時中、夫妻が原爆の機密を盗み出し、それをソ連に流した容疑で一九五〇年にＦＢＩに逮捕され、そして死刑に処された有名な事件です。夫妻は無実を主張し、さらにその書簡集（『愛は死をこえて』光文社）が出版されたので、可哀そうな事件と見られ、ヒューマニズムの涙を誘いました。ところがいま明らかにされた機密文書を見ると、彼らはやっぱりコミンテルンと連絡を取っていたのです。

そんなことはアメリカ政府も重々承知していました。しかし政府としてはその証拠を出すわけにはいきませんでした。そんなことをしたら、スパイを盗聴していたことなどがすべてソ連にバレてしまうからです。コミンテルンのエージェントたちのスパイ工作は激しかったから、どうしてもその全貌を把握する必要があった。だから、ローゼンバーグ夫妻を死刑にする根拠は薄いと非難されてもアメリカ政府は沈黙を守っていたのです。

しかしいまになってみれば、ローゼンバーグ夫妻は死刑になって当然でした。ノーマン氏が自殺せざるをえなくなったのも自業自得です。その意味で、いまや「VENONA文書」をはじめとする機密文書を知らずに近代史を語ることはできません。

私はそうした文書が公開される前から、ノーマン氏は臭い、都留氏はコミュニストではないか、尾崎秀実はソ連のスパイであるといった結論に達していました。なぜか。私の恩師たちが「敗戦利得者」ではなかったからです。いわゆる正論を述べてきた人たち——左翼言論横行のころにも当り前の意見を述べた人たち——の多くが外国文学の出身者だったことも、それと関係があるでしょう。佐伯彰一氏も私も英文科、小堀桂一郎氏も西尾幹二氏も独文科です。いずれも恩師が左翼と関係なかったので、戦前の日本をも普通の目で見ることができたのです。

第六章

南京事件が無かった論拠

相次ぐ反日的な「南京映画」

○七年は南京陥落（一九三七年十二月十三日）からちょうど七十年目に当たります。そのためでしょう、中国系アメリカ人を中心に、いわゆる「南京大虐殺」をテーマにした映画が七本も制作・公開される予定だと伝えられています。「週刊新潮」（二月八日号）によれば、そのいずれもが「反日映画」で、「南京」というドキュメンタリー・フィルムには《元日本兵が、南京で自分たちはレイプをしたということを笑いながら平然と話している映像が流れ、嫌がる女の子を引きずり出して押さえつけ、代わる代わる強姦したとも語る》、そんな場面が登場するといいます。ハリウッドでも四十五億円という巨額な制作費を注ぎ込んだ南京映画がつくられるし、中国でも国際的に有名な謝晋《しゃしん》監督の手によって現在制作がつづけられているそうです。

これはじつに恐るべき話です。根も葉もない反日キャンペーン映画をつくられたら、どれくらい日本のイメージ・ダウンになることか。アウシュヴィッツその他のユダヤ人収容所でホロコースト（民族大虐殺）を行ったナチス・ドイツと並んで、日本人が残虐な国民であるということにされかねません。そんな誤った見方が広がれば、「アメリカが原爆を投下したり、東京を無差別爆撃したりしたのも仕方がなかったのだ」と、あの蛮行が許されるような空気が醸《かも》し出されるかもしれません。アメリカにすれば、そうした空気が広がることは大歓迎でしょう。相次いで制作・公開される南京映画はそんな恐ろしさを秘めています。

もちろん、アメリカが原爆投下や東京大空襲を正当化するために、国を挙げて反日映画の制作に励んでいるということはないでしょう。しかし「週刊新潮」も指摘しているとおり、一連の反日的な南京映画の背後に、《アメリカをはじめ、世界中の中国人による反日ネットワーク》があることは確実です。

中国系アメリカ人が南京陥落を題材にして反日宣伝を行おうとしていることは、一九九七年にアメリカで出版され、五十万部のベストセラーになったアイリス・チャンの『ザ・レイプ・オブ・ナンキン』（ベイシック・ブックス）を見れば明らかです。まったくデタラメな内容とデッチ上げ写真のオン・パレードにすぎないこの本を中国人の反日ネットワークは大々的に取り上げ、日本攻撃の材料に使ったのです。

『ザ・レイプ・オブ・ナンキン』は柏書房から翻訳が出る予定でしたが、誤りがあまりに多いため、さすがの左翼的な出版社も刊行を断念せざるをえなかったようです。そしてアイリス・チャンは二〇〇四年十一月、カリフォルニア州において自動車の中で死んでいるのを発見されました。地元警察は銃で頭を撃った自殺であると発表しましたが、詳しい死因はまだわかっておりません。

ともあれ、中国系の反日ネットワークは捏造《ねつぞう》、デタラメ、インチキ、やらせと、あらゆる手を使って「南京大虐殺」を宣伝しようとしています。〇七年に続々と登場する南京映画がその一環であることは間違いありません。

南京映画はメディアでの宣戦布告である

われわれ日本人としては中国系反日ネットワークのでたらめな南京映画を叩き潰さなければいけません。そんな謀略をぶち壊す、逆の運動をしなければならない。幸いにしてCSテレビ「日本文化チャンネル桜」の社長・水島総《みずしまさとる》という人が、「南京映画は中国が日本に突きつけたメディアによる宣戦布告である」と言って立ち上がり、みずからドキュメンタリー・タッチの映画（仮題は「南京の真実」）をつくることを決意しました。

その制作発表は一月二十四日に行われました。席上、水島さんは次のような制作主旨を明らかにしています。

《南京陥落七十周年の今年、米国サンダンス映画祭にて、南京「大虐殺」映画が公開されました。

さらに、中国、カナダ、米国等で計七本の南京「大虐殺」映画制作が予定され、全世界で公開されると言われています。歴史的事実に反し、誤った歴史認識に基づくこのような反日プロパガンダ映画によって、南京「大虐殺」なる歴史の捏造が「真実」として、世界の共通認識とされる恐れがあります。また、そこから生まれる反日、侮日意識が、同盟国の米国だけでなく、世界中の人々に定着しかねません。

「情報戦争勃発」とも言える危機的事態に、私たちは大同団結し、誤った歴史認識を是正し、プロパガンダ攻勢に反撃すべく、南京攻略戦の正確な検証と真実を全世界に伝える映画制作を決意しました。

映画は英語版や中国語版等も同時に作り、世界同時公開を目指します。また、インターネットの動画配信も実行する予定です》

こうした主旨には多くの人たちが賛同しています。作家の井沢元彦、都知事の石原慎太郎、外交評論家の岡崎久彦、評論家の日下公人《くさかきみんど》、ジャーナリストの櫻井よしこ、フランス文学者の篠沢秀夫、京大教授の中西輝政、評論家の西尾幹二……といった各氏です。もちろん私もその末席に連なっています。

ところがこの記者発表に対して日本のメディアは恐ろしく冷淡でした。制作発表を報じたのはわずかに産経新聞一紙。それもほんの小さな囲み記事でした。ところが海外のメディアからは大勢の特派員が押しかけてきました。世界のメディアはこの映画に非常に強い関心を寄せているのです。

したがって、水島さんの作品が中国系反日ネットワークによるプロパガンダ映画をうまく撃破できれば、「戦時中の日本は侵略国だった」という誤ったイメージを払拭するきっかけになるかもしれません。しかもこの南京映画の話が飛び出したら、このところいがみ合っていた日本の保守派の人たちも大同団結する気配を見せています。「南京」をめぐるメディアの攻防はかえって天が与えてくれた好機となるような予感もしています。

われわれは幸いなことに、南京虐殺問題については断然「無かった」といえる状態にあります。水島さんも自信をもって映画をつくることができるはずです。

南京事件が無かった論拠

南京事件など無かったということにはいくつかの論拠があります。

ひとつは、上述したマギー神父の証言です。それまでは東京裁判の法廷で「虐殺があった」と証言していた彼が、反対尋問を受けると、「わずか一人の事件だけは自分で目撃致しました」

と答えているので、私は「虐殺」は風聞《ふうぶん》に基づくものにすぎないと確信しています。
もうひとつわかりやすい例を挙げておけば、田中正明先生は『南京事件の総括～虐殺否定の論拠』（展転社）で、こういう主旨のことを書いておられます。

――南京を攻略する前に、日本は南京の軍事施設を爆撃している。そのとき狙いが逸《そ》れて民家に落ちてしまった爆弾もあった。すると即座に蔣介石政府は「民家まで攻撃された」と国際連盟に訴えている。しかし日本軍がわざと民家を爆撃するはずはない。なぜなら、当時の日本にとって爆弾は非常に貴重だったからだ。わざわざ民家に投下するわけがないのである（じっさい、私も当時爆弾二発で総二階の家が一軒建つと聞いた覚えがある。貧乏国・日本がわざと民家を爆撃するなどといった無駄遣いをするはずはない）。それにもかかわらず蔣介石政府は国連に訴え出ている。これは何を意味するか。蔣介石政府は少しでも日本側の粗《あら》を見つけたら、それを針小棒大《しんしょうぼうだい》に語って世界の同情を集めようとしていたのだ。それゆえ、南京でほんとうに「虐殺」が行われたのであれば蔣介石政府がそれを国際連盟に訴えないはずがない。格好の反日宣伝材料になるからである。それにもかかわらず蔣介石政府は南京の虐殺を訴え出ていない。これは何を意味するのか。

虐殺など無かったことの明々白々たる傍証です。
最近では、北村稔さんという立命館大学文学部の先生が『「南京事件」の探求～その実像をもとめて』（文春新書）という本を書いています。私は自分のやっている小さな研究会に北村さんをお招きしたことがあります。そのときのお話によれば、北村さんは元来がこうした問題に関心があったわけではないといいます。「たまたまひとつの研究が終わったので次に何をやろうかと考えていたとき、『南京大虐殺』を思い浮かべたのです。いったい『南京大虐殺』という主張はそもそもどんな史料に基づいているのか。いってみれば、史料についての興味から調べはじめたのです」と。

そして北村さんは史料に当たり、さらに「大虐殺派」の人の意見を聞き、虐殺など無かったという「まぼろし派」の人たちの意見も聞いた。両派の言い分に耳を傾けたといいます。そうするうちに、それまではアクセスできなかった台湾の国民政府の史料にも当たることができた。南京虐殺について最初に匿名で書いた「マンチェスター・ガーディアン」紙の記者ティンパーリというのはオーストラリア人ですが、このティンパーリがじつは蔣介石政府の宣伝部に通じていて、そこからカネをもらっていたことが判明した。さらにスマイスという金陵大学の教授もやはり蔣介石政府につながっていることがわかった。そういう連中が「虐殺、虐殺」と言い出したわけです。ただし、その彼らにしても「虐殺されたのは四万人ぐらいであった」と言っていたというお話でした。

研究会に北村先生をお招きしたとき、私はこういう質問をしました。「北村さんは中立的な立場から『大虐殺派』の人たちにもインタビューされたようですが、いろいろ調べていくと、結局『まぼろし派』になられた。そうして文春新書をお書きになったわけですけれども、それに対して大虐殺派の人たちからの反応はいかがでしたか」と。北村先生の答えは――「ウンともスンとも反応はありませんでした」。

たしかにいま「大虐殺派」で、ディベートに出てくる人はいません。大虐殺を裏づける根本史料が何もないからです。

長いあいだ南京問題を研究してこられた亜細亜大学の東中野修道《ひがしなかのしゅうどう》教授が、これまで「南京大虐殺の証拠写真」といわれてきたものを一点一点精査して、それがインチキであることを証明した『南京事件「証拠写真」を検証する』（草思社。小林進、福永慎次郎との共著）も非常な労作です。重要なのは、前述した『ザ・レイプ・オブ・ナンキン』に取り上げられた写真がひとつとして証明価値がないことを証明した点です。

東中野さんはそれ以外にも総計百四十三点の写真を調べ直して、それらがすべてインチキ写真であることを証明しています。一例として有名な写真を挙げれば、停車場でひとり泣き叫ぶ幼児の写真があります。これはアメリカの写真雑誌「ライフ」にも掲載され、読者の心を揺さぶった写真ですが、東中野さんは、じつはこの停車場が南京ではなく上海であることを突き止め、さらには一連の別の写真を見ると、幼児のかたわらには大人がいて、彼が幼児を抱き上げてわざわざその場所まで運んでいったことも判明しました。宣伝のための演出写真だったのです。

これまで「南京大虐殺の証拠写真」といわれてきたものは、じつは演出されたものであったり、都合の悪い部分をトリミングしたものであったり、さらには合成写真であったり、ということがわかりました。大声で「南京大虐殺」を言い出した手前、証拠写真がないと格好がつかないから、ありあわせの写真に細工をして、それを「証拠写真だ」としたのです。虐殺など無かったのですから、そうするよりほかに手がなかった。それを東中野さんは見事に見破ったというわけです。

このようにいろいろな研究が進められ、いまやあらゆる意味で南京大虐殺など無かったことが判明しています。東中野さんの研究からもう一例引いておけば、南京を落とされて逃げ出した蔣介石は漢口《かんこう》へ行き、次に重慶《じゅうけい》へ落ち延びますが、その間に三百回ぐらい外国人記者と会見をしています。ところが、三百回のうちただの一度も「南京大虐殺」の話が出たことはないというのです。この一事をもってしても虐殺などなかったことがわかります。ほんとうに虐殺があったのであれば、蔣介石は繰り返し繰り返しそれを訴えたはずです。そうすれば国際世論も日本を強く非難したにちがいありません。しかし蔣介石はいっさいそれをしていない。南京大虐殺などなかったからです。

日本軍は整然と戦った

南京の落城前後のことについては、私も何度も書き、話をしておりますが、この間の事情を知らない日本人も少なくないので念のために繰り返しておきます。

日本軍（中支那方面軍。司令官・松井石根《まついいわね》大将）はまず蔣介石軍に「オープン・シティ」を勧告しています。オープン・シティというのは、戦場で決着がついたら都市を開放して都市のなかでは戦わないということです。つまり、都市を戦場にすると民間人が戦いに巻き込まれて大きな被害が出るから、戦闘の決着が見えたら都市を明け渡して民間人に被害が及ばないようにする。これがオープン・シティの概念で、戦時の常識にもなっています。

日露戦争では「奉天大会戦」といわれる戦いがありましたけれども、これだってなにも奉天の町の中で戦争をしたわけではない。当時のロシア軍は奉天の町の中では戦わずに逃げています。また「旅順開城」といいますが、開城というのは城を明け渡したということですから、やはり旅順の町の中では戦争をしていない。シナ事変のときも北京は開城しています。したがって北京大虐殺はありませんでした。保定《ほてい》もオープン・シティにしたから何の事件も起きていない。漢口など武漢三鎮《ぶかんさんちん》もオープン・シティにしたから、事件は何もありません。

こうした事実は、日本軍全体として「虐殺思想」などなかったことの間接的な証明になると思います。

では、なぜ南京だけが虐殺があったといわれるのか。

いまもいったように南京においても日本軍はオープン・シティを勧告しました。南京攻略の最高司令官は松井石根大将です。彼は孫文の友人でしたから、中国を憎んでいたわけではない。南京を攻めるときも、国際法学者をちゃんと脇に置いて絶対に国際法に違反しないように攻めています。さらに、これは国際法に違反しないからやってもよかったのにやらなかったのは、南京城のすぐ東側にある中山陵《ちゅうざんりょう》に大砲を上げ、そこから城壁や城内に砲撃をすることでした。中山陵は岡になっているから戦略的には非常に具合がいい。ところが松井大将はそこに大砲を上げることを許さなかった。何となれば、中山陵には孫文の記念碑があるからです（孫文の号は「中山」でした）。だから遠慮した。松井大将はそれくらい慎重に南京攻城をやっているのです。

そしてオープン・シティを勧告したけれども相手は応じなかった。蔣介石は応じるつもりでしたが、唐生智《とうせいち》という武漢地方の大軍閥のボスが「ノー」といったのです。将軍といっても、シナの将軍というのは日本の軍隊のようにきちんとした序列のある将軍ではなく、みな軍閥の親玉ですから、最高司令官の蔣介石がいくらいっても言うことを聞くとはかぎらない。唐生智は蔣介石に「私は南京を死守する」といったわけです。そうなるともう止めようがない。だから蔣介石は南京を唐生智に任せて自分は漢口へ逃げた。ところが、いよいよ日本軍の総攻撃がはじまると、「南京を死守する」といっていた唐生智は自分も逃げ出してしまったのです。指揮官が逃走してしまった南京の防衛軍は当然、大混乱に陥ってしまった。指揮官がいないのですから何をどうしていいかわからない。残された兵士たちは、いわば敗残兵《はいざんへい》です。

世界でいちばん怖いものは何か。虎でもなければ蛇でもない、シナの敗残兵だという言葉があります。その連中が民間人のなかに逃げ込み、時には民間人を殺して服を剝ぎ取り、民間人になりすましてゲリラになった。そうしたゲリラのことを「便衣兵《べんいへい》」といいますが、そんな敗残兵が数多くいたことは当時南京にいたアメリカの外交官の証言からも明らかになっています。

したがって日本軍は残敵掃討《ざんてきそうとう》をやらなければならなくなった。残敵掃討は、国際法では何ら問題とはされません。正規の戦闘の一部だからです。戦いの果ての出来事です。

南京には武器・弾薬を持ち込んではいけない安全地区（セイフティ・ゾーン）がありました。ところが敗残兵たちがそこへどっさり武器や弾薬を持ち込んだため、日本軍はこれをいちいち調べていかなければならなくなった。兵士が入ってはいけない場所に兵士が潜《ひそ》んでいたら、これを一掃しておかなければこっちが危ない。イラク戦争に際してアメリカ軍がファルージャでやったのと同じことです。一軒一軒、家のなかまで見て歩いた。そのとき、少しでも怪しい動きがあれば発砲する。さもなければ、こちらがやられてしまいます。

そういう意味で、陥落直後の南京が大混乱に陥ったことはたしかです。しかしその責任は日本軍にはない。南京をオープン・シティにする勧告を拒絶し、しかも自分は逃げ出してしまった唐生智にすべての責任があるというべきです。

南京の人口から見ても虐殺などありえない

当時の南京はそんな状態でしたから、間違って民間人が巻き込まれて被害にあった恐れはあります。しかしそれだって偶発事件にすぎなかったはずです。とても「大虐殺」と呼ぶような話ではありません。

それは当時の人口から見ても明らかです。

日本軍が攻める前の南京の人口は、当時の一致した意見によれば約二十万人でした。王固磐《おうこばん》という南京の警察庁長官は陥落直前、「南京にはいまだに二十万人が住んでいる」と公表していたそうです（東中野修道、前掲書）。では日本が南京を落としたあと、人口はどうなったか。

南京を抑えた日本軍は責任をもって食糧を配らなければいけません。そこでまず敗残兵と民間人を分け、それぞれ本人の出頭を求めて「安許《あんきょ》之証《のしょう》」という、いってみれば住民票のようなものを配っています。それに基づいて食糧も配給した。その安許之証によれば陥落後の南京の人口は約二十五万人。

はじめに二十万人だったものが二十五万人に増えている。北京政府がいうように「三十万人の大虐殺」があったとしたら、こんな数字になるわけがない。「大虐殺」のあと、どうして人口が増えるのですか。南京の人口が増えたのは、日本軍が南京に入城して市内の治安がよくなったので、南京城内から逃げ出していた人たちが戻ってきたからです。

たしかに、残敵掃討のとばっちりを受けて死んだ民間人がいたかもしれません。しかしその数はわずかで、死んだ人間の大部分は敗残兵か、逃げ出そうとして射殺された投降兵士たちです。常識的に考えて、そういえると思います。

いわゆる「中間派」の凋落

一時は「南京大虐殺三十万人」といわれた時期がありました。

そこで現代史研究家の秦郁彦氏は、それを訂正する意味でスマイスやティンパーリ（ともに前述）の意見に沿うようにして「四万人説」を打ち出しました。笠原十九司《かさはらとくし》、藤原彰、洞富雄《ほらとみお》といった左翼系学者たちによる「三十万人説」が大手を振ってまかり通っていた当時（一九八五年前後)、「四万人説」はなかなか斬新でした。いい意見だとして歓迎されたこともあります。いわゆる「まぼろし派」と「大虐殺派」の中間で、「四万人説」がいちばん妥当な意見のように思われたのです。

そのため秦さんは南京問題の権威のように思われてきましたが、北村先生や東中野先生が登場するようになると、どうも分が悪くなった。秦さんの「四万人説」はティンパーリやスマイスに合わせたような数字ですが、じつはそのティンパーリやスマイスが蔣介石からカネをもらって反日活動をしていたことが判明したからです。四万人という論拠も曖昧でした。げんに秦さんは『南京事件』(中公新書)で、被害者四万人としたあと、こんなことを書いています。

《三・八〜四・二万という数字なら、中国側も理解するのではないか、と思うのである》

事は日本の名誉に関わる問題です。なにも値引きの交渉ではないのだから、中国側が《理解》しようがしまいが、そんなことはどうでもいい話です。それなのに秦さんは、「四万人といえば中国側も理解するのではないか」などと寝言をいっている。とすれば、この数字はほとんど価値がないというべきでしょう。

さらに秦さんは同書のなかで、ずいぶんいいかげんな証言を採用しています。『私記南京虐殺』（彩流社）という正続二巻の本を書いた曽根一夫という人物を評価して、こう書いています。

《『私記南京虐殺』（正続）は、略奪、強姦、殺人をふくむ自身の残虐行為を率直すぎるほどの姿勢で語るとともに、そこに至る兵士たちの心情を冷静に記録している点で、類書にない特色を持つ。（中略）

とりあえず曽根氏の明快な指摘に頼って、上海戦では一応軍規を守っていた兵士たちが、なぜ南京追撃戦の段階で残虐行為に走るようになったのか、集団心理の推移を要約、紹介しておこう……》

ところが、この曽根という男は南京戦に参加していなかったことが判明しております。私はたまたま曽根一夫の親戚の人と仙台で会ったことがあります。するとその人は、「あのウソつきが！　困ったものを書いてくれた」と嘆いていました。そんな男の書いたものや証言を高く買っているのが秦さんなのです。

だから、秦さんのような中間派はいまや完全に見捨てられてしまいました。やはり「まぼろし派」が正しかったといわなければいけません。

ただし先ほども指摘したように敗残兵や便衣兵が市民のあいだに紛れ込みましたから、その掃討戦のさなか、とばっちりを受けて被害にあった気の毒な人たちがいたことはたしかです。しかしその責任は南京をオープン・シティにせず、しかも自分は逃げ出してしまった唐生智にあります。

これがほんとうの南京事件です。

老兵の証言には注意が必要

「南京大虐殺」というインチキがあたかも事実であったかのように印象づけられることになったのは東京裁判がきっかけでした。当時はＧＨＱによって強い言論統制が敷かれていましたから、東京裁判の法廷その他でいくら「南京大虐殺」を否定・批判しても、そうした声は取り上げてもらえませんでした。また、虐殺はなかったことを知っている人たちは公職追放令で口を閉ざされていました。そこで、「南京大虐殺」が常識のようになってしまったのです。

そんな空気が広がると、自分が正当なる戦闘および正当なる状況下で相手兵士を殺した場合でも、「虐殺をした」といってマスコミに登場したがる老兵が出てきました。曽根一夫のような男たちです。これには注意しなければいけません。なぜなら、そんな老兵の証言をここぞとばかり取り上げて中国にスリ寄ったり、ご注進に及んだりする進歩的文化人がいるからです。日本人を貶《おとし》めることによってヒューマニスト面《づら》をしたがる連中です。彼らの「売国運動」に利用されるから、老兵のデタラメな証言はきわめて危険なのです。

たとえば、老兵は南京城外の揚子江に面した下関《シャーカン》で「たくさん銃を撃った」とか「殺した」と言います。そう言われると、当時の下関の状況を知らない人は虐殺だと思ってしまう。しかし事実はけっしてそうではありません。

当時、下関には四千人ぐらいの投降兵がいました。それに対して、彼らを監督していたのはほんの一握りの日本兵です。日本兵はそう大勢いるわけではありませんから、どうしてもそうなってしまう。そして夜になる。すると、不安になった投降兵たちが騒ぎはじめる。日本兵は圧倒的に数が少ないから、こちらも怖くなって機関銃を撃ってしまう。そんなケースもあったようです。

ただし、それが殺人に当たるかというと、そんなことはありません。というのも、このときのシナ兵たちは捕虜と投降兵のあいだの曖昧な存在だったからです。

ハーグ陸戦規則によれば、少なくても以下の四つの条件を満たしていなければ正式の交戦者とはいえません。それは――、

《一　部下ノ為ニ責任ヲ負フ者其ノ頭《かしら》ニ在ルコト
二　遠方ヨリ認識シ得ヘキ固着ノ特殊徽章《きしょう》ヲ有スルコト
三　公然兵器ヲ携帯スルコト
四　其ノ動作ニ付《つき》戦争ノ法規慣例ヲ遵守《じゅんしゅ》スルコト》（第一条）

つまり――指揮官がいなければならない、兵士であることをわからせるために軍服を着ていなければならない、武器は必ず見えるように持つ、戦争のルールを守らなければならない。この四条件を守っていない場合は、いかなる権利も有さない不法戦闘員とされて国際法上の保護は得られません。言い換えれば、正式の捕虜になるためには上の条件を満たした兵士でなければならない。指揮官の下、整然と降参した兵士でなければいけない。そうでないと捕虜とは認められないのです。

もしも唐生智ないし蔣介石が「降参」といって整然として投降し、武器もすべて引き渡してきたのであれば、これは明らかに捕虜です。そういう捕虜を引き取ってから殺したら捕虜虐殺になります。

下関にいた四千人の投降兵たちはそういう状態にはありません。まだ捕虜ではなく、身分の曖昧な投降兵でした。そんな投降兵が暴れたらこれは怖い。慌てて逃げ出そうとする兵士もいたでしょう。狼狽した日本の兵士がそれを撃つ。あるいは逃げ出した投降兵が揚子江で溺れる。それはきわめて可哀そうなことではありますが、戦場においては日本側の殺人とはいえないのです。

ところが、銃を撃った覚えのある老兵が登場してきて「私は南京で人を殺した！」と言い出す。殺したこと自体はウソではないから、戦争のルールを知らない戦後生まれの人たちは「あ、やっぱり！」となってしまうのです。

だから私は、老兵の告白には注意せよというのです。先ほどの曽根一夫のように、その戦場に行きもしないのに「私は殺した」というのは論外ですが、ほんとうに殺したとしても、それはじつは「殺人」ではなく「戦闘のなかの一行為」というケースがほとんどなのです。

ついでに、「南京事件」というと必ず引き合いに出される作家・石川達三氏の『生きている兵隊』（中公文庫）について触れておきます。この本は南京の惨状をリアルに描いたものとして有名です。そこで『聞き書　南京事件』（図書出版社）の著者・阿羅健一《あらけんいち》氏がインタビューを申し込むと、石川さんは次のように返事をしてきたといいます。

《私が南京に入ったのは入城式から二週間後です。大虐殺の痕跡は一片も見ておりません。

何万の死体の処理はとても二、三週間では終わらないと思います。

あの話は私は今も信じてはおりません》（前掲書）

罪が重い航空将校の偽証

もう一例、挙げておきましょう。

かなり有名な人に奥宮正武《おくみやまさたけ》という旧軍人がいます。海軍軍人で、航空将校としては歴戦の勇士でした。だから松下幸之助さんも戦後この人に好意を示したり雇ったりしています。その縁でPHP研究所にも関係していました。

この人がいつごろからか、「南京虐殺を見た」と言い出しました。一九九七年には『私の見た南京事件』（PHP研究所）という本を出してこう書いています。

《私は、この二日間に下関で見た合計約二十台分の、言いかえれば、少なくとも合計五百人以上の中国人の処刑だけでも、大虐殺であった、と信じている》

元海軍の将校で戦闘機乗りの英雄でしたから、この「証言」にはパンチがありました。一挙にマスコミでも有名人になりました。

するとた、「それはおかしいぞ」という人が出てきました。筑波大学の中川八洋《なかがわやつひろ》教授です。中川教授は奥宮という人を徹底的に調べ上げました。そしてわかったことは、奥宮氏は「パネー号事件」を起した男だったことです。

パネー号事件というのは昭和十二年十二月十二日、南京付近の揚子江に停泊していたアメリカの砲艦「パネー号」を日本海軍の飛行機が爆撃、沈没させてしまったという事件です。アメリカの旗をきちんと掲げていたのに、血気にはやった海軍の航空隊が勝手に攻撃して沈めてしまった。これが意図的なものだったのか、誤りによるものだったのか、その点についてはさまざまな意見がありますが、いずれにしても日本側の重大な失策であったことは明らかです。そこで日本側は平謝りに謝り、賠償金を支払ってどうにか話がつきました。しかし、そのためにアメリカの対日感情が一気に悪くなってしまったのはたしかです。

そのときの責任者が奥宮氏だったのです。

そこで奥宮氏は、罪の意識を隠すためか、あるいは自分だけが悪いわけではないと言いたかったのか、「陸軍だって南京で虐殺をしているではないか」と言い出した——というのが中川教授の見方です（「奥宮正武氏への懐疑」「ふたたび奥宮正武氏に糾す」、雑誌「正論」所載）。

中川教授は論考のなかで、「奥宮氏は下関に行っていないではないか」と鋭い質問を浴びせておりますが、ついに奥宮氏から返答はなかったといいます。
中川教授の指摘が事実であるとすれば、その浅ましさを何と評すべきでしょう。

映画「南京の真実」に期待する

こうした「南京大虐殺」のウソ宣伝に対しては、ぜひとも日本側で正確なドキュメンタリー・フィルムを制作し、それを大成功に導き、「大虐殺」プロパガンダの毒消しにしなければなりません。その意味で私は、いま「チャンネル桜」の水島社長が進めている「南京の真実」に期待しています。

だいぶ前（一九八三年）にも「東京裁判」という映画がありました。これは非常にいい映画で、ほとんどがドキュメンタリー・フィルム、すなわち当時のニュース映画を使った作品でした。ところがたった一箇所、ドキュメンタリーではないところがあった。それは南京事件に関わる部分です。そこだけは、戦後に蔣介石政権がつくったインチキ映画を使用していました。虐殺を撮影したフィルムがないから、「やらせ映画」から引っ張ってきたのです。

なぜ「東京裁判」というすべてドキュメンタリーと称する映画でこんな操作をしたのか。
進歩的文化人のひとりであった小林正樹監督の作品ですから、おそらく「南京大虐殺」はあったと思い込んでいたのでしょう。悪意に解釈すれば、何がなんでも日本を悪く描きたかったのだと思えます。善意に解釈しても、小林監督は虐殺があったと思い込んでいたにちがいありません。そこで蔣介石政権がつくった映画を利用したわけです。

しかし虐殺など無かったのですから、虐殺を写したフィルムがあるはずもないのです。

もちろん、当時のフィルムはたくさん残っています。松井大将が南京に入城する場面だとか、住民たちが商売をしたり元日の祝いをしたり、といったフィルムはずいぶん残っています。しかし、虐殺を証明するような画像はひとつもありません。それにもかかわらず「南京大虐殺」という現代の神話がつくられてしまった。われわれは断固として誤った神話を潰していかなければなりません。

何度もいいますが、〇七年に制作・公開される南京映画はほとんどがアイリス・チャンのインチキ本を下敷きにしているといわれます。アイリス・チャンは前述したように、『ザ・レイプ・オブ・ナンキン』のインチキ性が次から次へと暴露されたものだからノイローゼになってしまい、それが原因で自殺したらしいといわれています。彼女が死んでしまったいま、死亡のほんとうの原因はわかりません。ただし、当時の「ロンドン・エコノミスト」はこんな推測を載せていました。「『ザ・レイプ・オブ・ナンキン』の杜撰《ずさん》さを次々に指摘されたため、『ザ・レイプ・オブ・ナンキン』はかえって自分たちの敵に利用されることになった。それが自殺のひとつの理由ではないだろうか」と。おそらくはそんなことだったのではないでしょうか。

それにもかかわらずこの二月、アイリス・チャンの胸像がアメリカの名門スタンフォード大学に寄贈されたと報じられました。贈り主は、歴史問題で対外宣伝工作に当っている中国系組織の「中国人権発展基金会」(中国が「人権」を言うなど笑止千万)。南京にある事件記念館に据えられたチャンの銅像とまったく同じものだといいます。

日本人としては、アイリス・チャンのデタラメな本や中国系組織の反日宣伝工作に基づいた映画をつくられてはたまりません。そんな映画を世界中に配給されたらとんだ迷惑です。だからわれわれは水島さんのように、こうした反日映画攻勢を「日本に向けられた中国系アメリカ人からの宣戦布告である」と受け止め、敢然と闘いを挑むべきです。

第一に、この宣伝戦に負けたら、日本人が原爆を落とされたり無差別爆撃で何十万人もの国民が殺されたりしたことが正当化されてしまいます。「日本人は南京で大虐殺をしたのだから原爆を落とされるのも当然だ」とされてしまう恐れがあります。なんとしてもそれは避けなければなりません。

第二に、「大虐殺」があったとされると、数百年後、それをネタにして中国人による「東京大虐殺」という報復が行われないともかぎりません。そんな可能性の芽は摘んでおくことです。

東京はホロコーストされた都市だ

最後に、私も機会あるごとにさまざまなかたちで「日本の主張」を言い続けているということを記しておきます。

アメリカ軍による蛮行というと、ふつうは原爆ばかり指摘されます。しかし終戦の直前には日本の六十以上の都市が空襲で焼き払われたのです。これを忘れてはなりません。

とりわけ酷《ひど》かったのが昭和二十年三月十日の東京爆撃です。日本の本土空襲の指揮をとっていたカーチス・ルメイという将軍は東京を碁盤の目のように区切り、タテに何度となく爆撃を行い、次はヨコに爆撃を繰り返し、さらにはナナメの線に沿って爆撃をつづけたのです。その一日だけで約十万人の一般人が殺されました。

アウシュヴィッツのガス室で十万人殺すとなったら、いったい何か月かかるか。興味がある人には計算してもらいたいと思いますが、東京の場合は一日でそれだけの人が殺されたのです。ついでに記しておけば、このように明らかに非戦闘員を狙った爆撃だったため、戦後、東京大空襲に対する批判が巻き起りました。それに対してカーチス・ルメイは何ひとつ反省の意を示しませんでした。ところが日本政府はそんなルメイに対して勲一等旭日大綬章を贈っているのです（昭和三十九年）。「戦後、日本の航空自衛隊の育成に協力した」というのがその理由でした。時の首相は佐藤栄作。なんとも釈然としない出来事でした。

ところで私は、上智大学を退職するとき、自宅書斎にある学術的な洋書の総目録を六八〇ページの本にまとめました。*Bibliotheca Philologica Watanabeiensis～The Catalogue of Philological Books in the Library of Professor Shoichi Watanabe* というのがそのタイトルです。そして序文を兼ねて「書物と私」といった主旨の自叙伝のようなものを記し、私が大学に入るために上京したときの光景についてこう書きました。

《More than sixty main cities of Japan had been burnt to ashes together with mountains of books.》

《Japan was a literally burnt-out country and Tokyo was a holocausted city.》

六十以上の主要都市が焼かれ、おびただしい数の書物が灰になった。日本は文字どおり焼け野原で、東京は「ホロコースト」された都市であった、という意味です。

すると、「国際古書学会」（本部はフランスの国立図書館内にある）の雑誌が私のこの序文を全文転載したいといってきましたので、もちろんふたつ返事でＯＫしました。

この雑誌は世界中の本好きの人が読んでいますから、《Tokyo was a holocausted city.》という一節は世界中の心ある愛書家の胸に留まったと思います。外国人はたいてい、日本で大きな被害を受けたのは原爆による「ヒロシマ」「ナガサキ」だけだと思っていますから、東京が「ホロコースト」された都市だと知って認識を改めたのではないでしょうか。ちなみに、大空襲で焼き払われた東京を《a holocausted city》と表現したのはおそらく私が最初だと思います。

世界中の愛書家は古書学会の雑誌を大切に取って置きます。そんな人たちですから、空襲によって「山のような本が灰になり」、東京が地獄のように「ホロコーストされた」という事実は、永遠に彼らの記憶に残るはずです。

あとがき

毎年二月頃になると、その前の一年間に起こったことについての考えをまとめる機会を与えられている。このことは、今から十年以上も前に始まった。東京12チャンネルで毎日曜日の朝に、「新世紀歓談」という三十分番組のホスト役をつとめる機会を与えられていた。対談相手はその道の専門家で、時の話題になることについての最も注目すべき人たちであった。したがって私も啓発されることが多かったのである。

この放送をそのままにしておくのはもったいないと考えた徳間書店の編集者が、一年間の対談のうち、特に重要なもののエッセンスを、二月頃にまとめて四月頃には単行本のかたちにして出す、というアイデアを実現してくれた。それが、この番組がなくなった今でも同じかたちで続いているわけである。

「新世紀歓談」という対談番組はなくなったが、新しく日本文化チャンネル桜（スカイパーフェクTV）で、毎週「大道無門」というテレビ対談番組のホストをやらせていただいている。これは毎週一時間で、形式は「新世紀歓談」と同じく、その時々の重大な話題に、その道の専門家をお招きして、たっぷり語っていただくというものである。私も教えられることが多く、毎週大変いい勉強をさせていただいている。いろいろな問題について、私にも考えるところがあるが、それについて一流の専門家たちの話を伺うと、複眼的に考えるようになるのである。そうした話題のエッセンスをわかり易いかたちで残して置くという企画を下さった徳間書店に感謝したい。

このところ私にも大切な仕事がいくつかあった。それはサー・レジナルド・ジョンストンの『紫禁城の黄昏』の翻訳出版のお手伝いをしたこと、『東條英機宣誓供述書』の解説・出版をしたこと、『リットン報告書』の解説・出版をしたことである。最近も、満洲についての著述は石原莞爾関係も含めて少なくないが、いずれも日本側から見たものである。満洲国皇帝側、つまり清《しんちょう》朝側から見たらどうなるのか。それはジョンストンが最も正確に伝えてくれる。また満洲事変についての国際連盟の公式調査書ともいうべきリットン卿の報告書は、東京裁判におけるパル判事の指摘にもあるように、東京裁判で十分考慮されなかった。この報告書をまともに考慮すれば、東京裁判における検事側論告の柱となる「日本の軍国主義者たちによる共同謀議」が成り立たなくなるからである。また、最近は昭和史ばやりなのに、大戦の中心にいた東条被告の詳細な宣誓供述書が私の知るかぎり言及されることがないという珍現象がある。

こんな仕事に関係しているうちに、日本の現代史や戦後史について、以前から私が感じたり考えたりしていたことが間違っていないという確信が深まった気がする。そして戦後の日本を支配したのは「東京裁判史観」と称すべきものであるが、別の言い方をすれば、日本の敗戦で大儲けをした人たちの史観、つまり「敗戦利得者史観」であることもますますはっきりしてきたような気がする。

このような時務的な、また現代史的な話題をまとめることを提案された徳間書店の力石幸一氏と、正確で読み易い原稿にまとめて下さった松崎之貞氏に厚くお礼申し上げる次第である。

渡部昇一

平成十九年三月下浣

本書は、二〇〇七年に刊行された『中国・韓国に二度と謝らないための近現代史』（徳間書店刊）を改題した新装版です。

渡部昇一（わたなべ　しょういち）

昭和５（1930）年山形県生まれ。上智大学大学院修士課程修了。ドイツ・ミュンスター大学、イギリス・オックスフォード大学留学。Dr.phil.（1958）、Dr.phil.h.c.（1994）。上智大学教授を経て、上智大学名誉教授。専門の英語学のみならず幅広い評論活動を展開する。昭和51（1976）年第24回エッセイスト・クラブ賞受賞。昭和60（1985）年第1回正論大賞受賞。平成29（2017）年没。
英語学・言語学に関する専門書のほかに『知的生活の方法』（講談社現代新書）、『古事記と日本人』『日本史から見た日本人（古代編・鎌倉編・昭和編）』（以上、祥伝社）、『渡部昇一「日本の歴史」（全８巻）』（ワック）、『知的余生の方法』（新潮新書）、『決定版・日本史』『歴史通は人間通』『名著で読む世界史』『名著で読む日本史』（以上、育鵬社）など多数。

渡部昇一の昭和史観
真の国賊は誰だ

第１刷　2024年７月31日

著者／渡部昇一

発行人／小宮英行
発行所／株式会社 徳間書店　〒141-8202　東京都品川区上大崎3-1-1　目黒セントラルスクエア
電話／編集 03-5403-4344　　販売 049-293-5521
振替／00140-0-44392
カバー印刷／近代美術株式会社
印刷・製本／中央精版印刷株式会社

ⓒ 2024 WATANABE Shoichi, Printed in Japan
本印刷物の無断複写は著作権法上の例外を除き禁じられています。
購入者以外の第三者による本印刷物のいかなる電子複製も一切認められておりません。
乱丁、落丁はお取替えいたします。

ISBN978-4-19-865865-6